ちくま新書

不平等を考える

——政治理論入門

齋藤純一
Saito Junichi

1241

不平等を考える——政治理論入門【目次】

はじめに

社会と政治はいま大きく変わろうとしている。二〇一六年、イギリスで国民投票によってEUからの離脱が決められ、アメリカの大統領選挙でトランプ氏が勝利したことはまだ記憶に新しい。こうした政治の変化は、この数十年のあいだに格差の拡大が進み、深い亀裂が走るようになった社会の現実を映しだしている。実質所得が低下しつづけるなか、将来へのたしかな見通しをもつことのできる人は多くはない。先行きへの不安と現状が変わらないことへの苛立ちは、変化を強くアピールする政治に力を与える。

本書では、格差の拡大が政治に大きな影響を及ぼしている現状を踏まえながら、私たちが平等な関係の再構築を探っていくうえで、どのような制度の構想がありうるかについて考えてみたい。

まず、不平等が、いま日本の社会にどのような事態を引き起こしているかを振り返ってみよう。

†格差の拡大

一九八〇年代初めには「一億総中流」という言葉がよく口にされていた。もちろん当時もこの社会に格差がなかったわけではない。大企業と中小企業の間には歴然とした格差があったし、たとえば原発の立地に見られるように、いわゆる「国策事業」の多くも、地域間の交渉力の違いを利用する仕方で進められていた。それでもこの言葉がさほどの違和感なく響いたのは、経済成長の経験、そして二度のオイルショックを乗り切った自信を背景に、「明日は今日よりもよくなる」という見通しをほとんどの人がまだもちえたからである。

しかし、バブル経済崩壊後の「失われた二〇年」を経験するなかで、そういう展望はリアルなものではなくなった。実際、一九九〇年代後半から、不平等が拡大し、しかもそれが世代を越えて再生産されていることが、実証的な研究によって明らかにされてきた。過去のものとなったはずの貧困も、この頃から社会問題として再びクローズアップされ、近年は、「子どもの貧困」にも関心があつまっている。

過度の格差が、このまま是正されることなく放置されれば、人々の間の平等な関係も損なわれ、優位‐劣位の違いが関係を変えていく。近年のジニ係数（所得格差を表す指標）が示すのは、税や社会保障を通じた再分配も有効にはたらいていない現実である。

多くの論者が指摘してきたように、日本の社会には、これまでも十分な社会保障があったとはいえない。社会保障の弱さを補ってきたのは、雇用保障――公共事業を通じた雇用の創出・維持、解雇に対する規制等――だが、この機能もこの十数年大幅に後退してきた。一方、この間、企業の競争力を維持するために非正規雇用の拡大が政策として推進され、いまでは非正規雇用の労働者が働き手の四割近くを占めるようになった。正規雇用と同じくらい働いても安定した生計の見通しを得られない「ワーキングプア」の存在に関心が寄せられるようになってからもだいぶ経つ。

正規、非正規を問わず労働環境は厳しさを増し、過労死や過労自殺の報道も相次いでいる。そこまで至らずとも、心身の健康が損なわれている人は少なくない。これも実証的な研究が指摘するように、不平等な社会に生きることはそれだけで人々の健康にとってマイナスに作用する。

このような格差の拡大は、当然のことながら、社会統合の行方にも暗い影を落としている。

†社会統合の綻び

景気が回復しても、それが国内に安定した雇用の拡大をもたらすことはなくなった。経済政策の推進によって不利益を被る地域や産業を公共事業や補助金等によって保護するという政府の機能も、財政の逼迫《ひっぱく》のためにいずれは後退していくことが避けられない。経済に対する国家の介入は今後さらに選択的なものとならざるをえず、その対象とはされない、つまり、取り残され、見棄てられる産業や地域が顕在化してくるはずである。

このように経済成長を背景とした統合の綻びが明らかになると、それを日本に固有とされる文化や伝統によって繕おうとする動きも立ち現れてくる。固有とされる特殊な価値に訴えて国民の統合を再建しようとする思潮である。しかし、人々の価値観や生き方がすでに多元的になっている条件のもとで同質的な統合をはかろうとすれば、それは抑圧的な仕方で作用することになろう。

実際、一つの社会をともに構成する市民であるという意識は必ずしも自明なものではなくなりつつある。政府から手厚い支援を受ける産業が生産拠点を海外に移したり、富裕層が租税回避の行動をとっていることを伝える報道に接するたびに、負担増を受け入れながらこの社会にとどまる理由とは何なのかと尋ねたくなる人もいるだろう。

そして、日本ではまださほど目立っていないにしても、社会的・経済的格差は、居住地の分離に空間的に反映される。生活する場所が互いに隔たったものとなれば、互いに交流や接触をもつ機会も少なくなり、ともに同じ社会に属しているという感覚も薄れざるをえない。

†デモクラシーにおける変化

冒頭でも触れたように、現状を変えてみせると語る政治家が現れれば、人々は、ときにその利害に反してさえ、そうした政治家を支持する。意思形成の手続きを形骸化しても決定を急ぐ、いわゆる「決められる」政治への支持も現状への不満を背景としている。政府が、デモクラシーを多数意思の政治に還元するようなやり方を続けても、また、期待していた経済政策の成果が眼に見えなくても、「民意」がそれから離れないのは、政策を敢行しようとする姿勢それ自体が変化への期待をなにがしか抱かせるからだろう。

しかし、この種の政治は安定を導かない。船頭を変えてみても否定的な現状がそう変わらないことが分かれば、その失望は、その時々の政治的リーダーや政府に対する支持の撤回にとどまらず、社会の根幹をなす制度そのものへの不信を招いていくだろう。

とはいえ、長年、政治的アパシー(無関心)として特徴づけられてきたこの社会の政治文化にも変化のきざしが見えてきた。

実質所得の低下、そして社会保障や雇用保障の後退は、私生活の充実に専念するゆとりのある、かつての私生活志向をもはや成り立ちがたいものにしている。いまあるのは、いわば「追い込まれた」私生活志向である。日々の勤めをはたし、暮らしをまもっていくだけで精一杯で、働き方や暮らしを左右する政策について熟慮したり、自らの判断を行動に移していく余力はなかなか得られない。それでも、重要な政策については人任せにしないという政治的関心が、近年、たとえばエネルギー政策や安全保障政策、あるいはまた待機児童問題などをめぐって表明されてきた。

ここまで概観してきたように、私たちの社会はいま大きな転機を迎えている。社会的・経済的格差がこのまま拡大をつづけ、それが政治的格差にも変換されていくのか。社会統合の再建が、再び異質とされるものを排除する内向きのものに傾いていくのか。中間層が現に経験している生活条件の悪化が、ポピュリズムの政治の繰り返しを招き、不安定化を加速させていくのか。

それとも、格差の拡大に歯止めをかけ、子どもたちが貧窮のなかで将来への希望をあきらめずにすむ社会へと舵《かじ》を切っていくのか。「われわれ」のまとまりを排他的につくりだすのではなく、異なった文化や価値観が多元的に共存できるような統合のあり方を築いていくのか。一部の者が牛耳ったり、数で押し切る政治ではなく、市民が熟慮や熟議の機会をもつことのできる政治を定着させていくのか。

今のところ見通しは明るいとは言えないが、転機は、私たちが社会や政治のあり方を、その基本に立ち返りながら、問い直してみる好機でもある。

本書の議論は、いま挙げた諸問題を「市民として」どう考えるかを導きの糸としている。「市民として」というのは、社会の制度を他者と共有し、その制度のあり方を決めることができる立場にある者として、という意味である。それぞれ個人の立場から見て合理的（rational）であるかどうかを考えることと、互いの立場を考慮しながら、ともに受け入れるべきものとして何が理にかなっている（reasonable）かを市民として考えることは、『正義論』の著者J・ロールズも言うように、異なっている。

以下で考えたいのは、この先、不平等が引き起こす諸問題に対応していくとき、どのような社会の制度を理にかなったものとして共有していくことができるか、についてである。

第Ⅰ部 平等な関係

イマヌエル・カント　Immanuel Kant

1 市民としての平等な地位

†「不平等」は不当なことか？

本書の関心は、私たちが互いの間に「平等な関係」をいかにして築いていくことができるか、にある。

このように問いを立てると、なぜ平等な関係を築いていかなければならないのかという反問が返ってくるかもしれない。そもそも、人間は平等ではありえず、持って生まれた能力だけではなく、それを活かしていこうとする意欲にも違いがある。そうした意欲の違いは努力の違いとなって表れるだろうし、その努力は当然異なった成果を結ぶはずである。異なった努力や成果は異なった仕方で報われるべきである。人々の間に「不平等な関係」が生じるのは不当なことではないはずだ、と。

私たちの直観にも訴えるこのような反問にどう応答できるだろうか。

まず言えるのは、「平等」は「同じである」ことを意味しない、ということである。人々にさまざまな点で違いがあることは事実であり、能力や才能の点で互いに等しくはないというこの事実は不当でも正当でもない。問題は、そうした違いが社会の制度や慣行のもとで互いの関係における有利‐不利（advantage‐disadvantage）の違いへと変換されていく、という点にある。

もちろん、制度のもとで生じるあらゆる有利‐不利がただちに不当なわけではない。しかし、それらのなかには「値しない不利」（undeserved disadvantage）も含まれている。「値しない」というのは、その人に「ふさわしくない」、もっと言えば「不当である」という意味合いを含んでいる。たとえば、十分な才能に恵まれているにもかかわらず、生まれ育った家庭が貧しいために、その才能を伸ばす教育の機会が得られないとしたら、その不利――それは学業上の不利にとどまらず生涯にわたってさまざまな不利を招いていくだろう――は、はたしてその人に「値する」と言えるだろうか。

本書が、「不平等」という言葉によって指すのは、そのような「値しない」有利‐不利が社会の制度や慣行のもとで生じ、再生産されつづけている事態である。有利‐不利の違いは人々の関係のあり方を決める。不利な立場にある人は、より有利な立場にある人の意に沿うことを強いられやすく、また、劣った者として扱われつづければ屈辱の感情を抱かずにはいられないだろう。不平等が過度のものとなり、固定化すれば、なんとか不利を挽回しようとする意欲すらもてなくなってしまう。そうした関係は不当であると考えるのであれば、それを惹き起こしている制度や慣行は問い直される必要がある。

とはいえ、この本では、あらゆる制度や慣行を問い直すことはできない。本書が取り上げるのは、主として、強制力をともなった制度であり、そうした制度の影響を深く被る人々の関係である。制度を共有し、しかもそれを変えることができる立場にある人々を政治学の用法にしたがって「市民」(citizen)と呼びたい。市民としての対等な関係(equal citizenship)を互いの間にどのように築いていくことができるか、市民の政治的平等はいかにして可能か。これを問うことが本書の課題である。

繰り返せば、私たちは、あらゆる点で等しくあることはできない。制度を再編し、正当化できない不平等をかりに克服しえたとしても、事情は変わらない。克服されるべきは、人々の間にあるさまざまな違いそのものではなく、あくまでも「値しない」有利‐不利を生じさせる制度とその作用である。

人々は、他のあらゆる点での違いにもかかわらず、市民としては平等な者として尊重され、制度上もそのように扱われるべきである。かりに政治的な立場に大きな格差が生じるなら、有利な立場を占める者によって、不平等を是正すべき制度それ自体が牛耳られてしまうことになるからである。

言うまでもなく、政治的な立場は、社会的・経済的な有利－不利の影響を被らざるをえない。市民が政治的に平等でありうるためには、社会的・経済的な不平等をどうコントロールするかも課題となる。格差が拡大するなかで、平等な者からなる社会をいかに回復していくことができるだろうか。

†平等な尊重

政治社会における主要な制度の役割は、それを構成する人々の間に対等な関係を築き、それを維持することにある（国家から区別される「市民社会」との違いに着目して、国家を含む社会を「政治社会」と表現する）。現代の社会は、価値観や生き方を異にするさまざまな人々から成っており、そのほとんどは見知らぬ他者のままである。市民が共有する制度は、どのような人も他者から意のままに（恣意的に）扱われることのない立場を保障するためにある。

「主要な制度」とは、市民の権利・義務を規定し、社会的協働から生まれる利益や負担を市民に分配する制度――たとえば税制や社会保障制度――を指す（社会的協働 social cooperation はロールズの用語である。本書では、労働だけではなく政治的、社会的活動などを通じて人々が互いに結びつき、それによって生みだされる利益やそれを維持するための負担を共有する関係を指すものとして用いる）。それらの多くは、強制力をもって執行される制度の形態をとっており、市民は、そうした制度を通じて他の市民の生活（生き方）を規定しあう立場にある。

多元化した社会にあって、ある特定の人々の利害関心や価値観に沿って公的な制度が用いられるなら、ある市民は他の市民にとっての利益や価値を実現するための手段として扱われることになろう（多くの市民の安全をはかるために特定市民の表現の自由や移動の自由が長期間にわたり制約されるケースを想定してほしい）。そうした手段化を避けるためには、制度は、すべての市民を平等に尊重しなければならない。市民相互の関係においてこの「平等な尊重」（equal respect）を保障することが制度が正統であるための条件である。

†平等な尊重の毀損

いま述べたように、制度の役割は、市民の間に対等な関係を構築し、それを維持することにある。この関係が損なわれるとき、劣位にある人々は優位にある人々による抑圧を被りやすい立場にたたされることになる。政治的関係における支配、経済的関係における収奪や搾取、社会的関係における排除や周辺化、文化的関係における偏見や差別などがそうした抑圧の諸形態である（Young 2000）。

本書が主として取り上げる、政治的関係における支配（domination）は、人々が、自らが制御することのできない他者の意思によって制御される立場にたたされるときに生じる。そのような場合、人々は、他者による実際の干渉を被らないときでも、他者の意に背かないよう、むしろ他者の意を汲《く》んで行動することを余儀なくされるようになる（アメリカの政治哲学者P・ペティットは自由を「支配がないこと」（non-domination）として定義する[Pettit 1997]）。

たとえば、ある非正規労働者のケースについて考えてみよう。彼女は、職場にとどまろうと望む――その職場を離れると生計の見通しが立つ新たな職場が見つかる保証がない――とき、かりに雇用主の意向が変わる――わずかな賃金の上昇と引き替えにハードな管理業務に就かせられる――としても、その意向に逆らうことは難しい。彼女は、雇用主の意思を制御しうる立場にはなく、逆にそれによって制御されやすい脆弱な立場にある。

このように、制度の重要な役割は、市民が他の市民の意思に依存する関係に陥らないようにするために、不利な立場にある人々が他者の恣意に抗しうる条件を保障することにある。いま挙げた例について言えば、最低賃金の保障、労働時間の規制、解雇規制あるいはハラスメントの防止などがそれに当たる。この場合、彼女が雇用主の意に背いて仕事を辞めるときに生活保障が確実ではないことが彼女の立場を脆弱なものにしている——労働市場が売り手市場になれば彼女の労働条件は改善されるだろうが、そうした条件はつねに得られるわけではない——とすれば、制度は、雇用を離れても生活が成り立つ条件を保障する必要がある。

日本の社会には、制度が市民間の対等な関係を保障するのではなく、逆に、それを損なうような仕方で作用する事態すら見出される。ある地域に暮らす人々は、国策プロジェクトが推し進められるなかで、さまざまなリスク、誰もが避けたいと願う「負の財」(negative goods)を押し付けられてきた。たとえば、軍事基地や原子力発電所、産業廃棄物処分場などはそうした「負の財」の典型である。

もちろん、負の財をまったく生みださないような社会的協働は存在しないし、それをどう分配すべきかはつねに避けられない政策課題になる。しかし、ある特定の市民に対してのみ、しかも半ば恒常的に負の財を分配しつづけることは、それを負荷される人々を平等な市民として扱っていることにはならないだろう。

†市民間の平等な関係について

市民間の平等な関係とはどのような関係だろうか。以下、この社会における不平等を問い直していくために、J・ロールズの議論を参照して、それがどのような関係を指すのかを明らかにしていきたい。

ロールズは、人々が関係において占める立場《ポジション》として、次の二つを挙げている。一つは、「平等な市民としての立場」であり、もう一つは、「所得および富の分配において各人が占める場所によって規定される立場」である（Rawls 1999, §16）。

「平等な市民としての立場」（equal citizenship）は、各市民が基本的諸自由（政治的自由、言論・結社の自由、良心・思想の自由など）を平等に享受でき、しかも、各市民が公正にひらかれた機会にアクセスできる立場にあることを指す。公正な機会の平等とは、どのような階層（所得階級）に属するか――どのような家庭に生まれ、育ったか――に関わりなく、同じレベルの才能と意欲をもつのであれば、誰もが同じ機会を享受しうるということを意味する。たとえば、他の学生と同じ学力や意欲をもった学生が学資の見通しが立たないがゆえに進学の断念を強いられないことを、公正な機会の平等は求める。

本書が注目するのは、「平等な市民としての立場」は、「所得および富の分配において各人が占める場所によって規定される立場」の影響を避けがたく被らざるをえない、ということである。というのも、所得や富の分配において著しい格差があれば、その格差は、平等に享受されてしかるべき政治的自由を不平等なものとし、社会が一部の人々によって牛耳られるような事態を招いてしまうからである。すべての市民が「平等な市民としての立場」を享受しうるようにするためには、所得や富の不平等を一定の限度内に抑えることが必要になる。

市民間の平等な関係は、「平等な市民としての立場」のみならず、「所得および富の分配において各人が占める場所によって規定される立場」についても、一方が他方を恣意的に制御できるような優位－劣位の関係が市民の間に生じていないときに成り立つ。

†平等な関係のもとでの自尊

市民の間に優位‐劣位の関係が生じないことは、それぞれの市民が「自尊」（self-respect）の感情をもつための条件でもある。ロールズは、「自尊の社会的基盤」を制度によって分配される「基本財」――それは人々が「自由かつ平等な市民という資格においてもつ欲求の対象」として定義される――のなかでも最も重要な財として位置づけている（Rawls 1999, §29）。そして、「自尊の社会的基盤」は、自由、機会および所得・富といった他の基本財が公正に分配されるときに得られる。他の市民が享受しうる自由を享受できない、平等にひらかれてしかるべき機会にアクセスしえない、あるいは所得や富の格差が甚大なものとなる場合には、自尊の条件は損なわれる。

自尊は対等な市民として他者から尊重されるときにはじめて得られるものであり、他の市民との関係において劣位の者として扱われることが続くなら、市民間の関係から相互の尊重が失われる。ロールズによれば、自尊をいだく人々には互いを尊重しようとする傾向があり、逆に自尊が損なわれる場合には、嫉みなどの負の感情が対等な関係を損なっていく（Rawls 1999, §29）。ロールズが指摘するように、社会の最下層に放置される人々は、政治社会の制度への信頼を失い、それに背を向けるようになる。

†制度と自尊

このように市民の自尊の条件を損なうような制度は、安定したものではありえない。自らが制度によって劣位の者として扱われているという認識は、制度への信頼、そして他の市民への信頼を彼らから奪うからである。この点から見れば、あらゆる市民が自尊の条件を享受しえているかどうかが、互いの間に平等な関係が成り立っているのか否かを判断するための尺度となる。

ロールズは、「アンダークラス」と呼ばれる社会層においてこのような自尊の条件が決定的に損なわれていることを重視している。たとえば、生活保護の受給者がしばしばそうであるように、制度的に保護・救済の対象として扱われる人が、そのことで落伍者とみなされ、「二級市民」として扱われるなら、自己を尊重することは難しく、社会に背を向けるようになるだろう。同様に、いつでも使い棄てることのできる安価な労働力としてのみ扱われるならば、自尊の条件は損なわれるだろう。

政治社会の制度が、ある人々を劣位の者として扱うことを避けるとともに、すべての市民に自尊をもつことを可能にするような平等な立場を保障すべき理由は、いま述べた点にある。

†「運の平等主義」の考え方

念のために言えば、市民の間に対等な関係を築き、それを維持することは、市民をあらゆる点で平等化することを目ざすわけではない。制度が是正しようとするのは、あくまでも許容しえない不平等、正当化することのできない不平等である。それでは、正当化しえない不平等とはどのようなものだろうか。まず考えられるのは、各人にはいかんともなしがたい諸事情、つまり、各人の責任を問うことのできない諸事情によって、不利な立場にたたされることである。

現代の政治理論には、「運の平等主義」(luck egalitarianism) と呼ばれる議論があるが(R・ドゥオーキン、G・A・コーエン、J・ローマー、R・アーヌソンらがその代表的な論者である [Dworkin 2000, Cohen 2008, Roemer 1998, Arneson 1998])、この議論が是正しようとするのは、本人に帰責することのできない諸事情によって惹き起こされる不平等である。「運の平等主義」は、各人が選択しえない事柄については責任を問うことができず、他方、その人が選択できる事柄については責任を問うことができると考える。たとえば、生来の障碍《しょうがい》は本人にはいかんともしがたい事柄であり、そこから生じる不利に対して彼に責任を問うことはできない。同様に、貧しい家庭に生まれ、育つことも本人にはコントロールできない事柄であり、そこから生じる不利に対して彼は責任を問われるべきではない。「運の平等主義」によれば、そうした不利をあたかも本人の選択の帰結であるかのように扱うことは不当であり、そのような「値しない不利」に対しては、社会から補償がなされてしかるべきである。他方で、「運の平等主義」は、人々が自分で選択した事柄に対しては正当にその責任を問うことができると考える。たとえば、自分で選択した職業が他の職業に比べて収入が低いとしても、人々はその選択の帰結を受け入れなければならないし、同一の職業のなかで、貢献の程度に応じて所得に格差が生まれるとしてもそれは何ら不正な事柄ではない。

要約すれば、「運の平等主義」は不平等を次のようにとらえる。不平等は、それが各人が制御できない事柄の違いを映しだしている場合には正当化できず、それが各人による選択がもたらす影響の違いを映しだしている場合には正当化できる、と。

†「運の平等主義」の難点（1）

「運の平等主義」の考え方、つまり、財の分配は、人々が行う選択には敏感に応じるべきであり、人々が被る不運には応じるべきではないという考え方は、至極理にかなっていると考えられるかもしれない。自分が行ったことについては責任が問われるし、そうではないことで不利な立場を強いられるのはおかしいという考え方は、私たちの直観に訴えるところが多分にある。

たしかに、「運の平等主義」には、本人の責任を問いえない事柄に対して責任を問うことを不当であると考え、いかんともしがたい不運を被っている人々に対する補償（compensation）を正当化するというメリットがある。「運の平等主義」は、選択とそれに対する自己責任を重視する新自由主義的な論理をいわば逆手にとって、正当化しえない不平等に対する社会の責任を問うのである。しかし、この考え方の難点として、次の点を指摘することができる（Anderson 1999）。

まず、本人による選択の帰結とみなされる事柄に対しては何ら補償の必要はないという考え方は、その人に対する冷酷な扱いを正当化することにもなる。この考え方によれば、近親者を介護するために学業やキャリアの継続を断念し、そのことによって社会との接点を失い、貧窮に陥ったとしても、それは本人の選択によるものであり、社会には彼女を支援する責任はないと考えられるだろう。また、自然災害が起こりやすい土地に住みつづけることも、本人の自己責任を問いうる事柄とみなされるかもしれない。

幸い、日本の現行制度は、このような選択と運の厳密な区別に対応するようにはアレンジされてはいない。本人の選択の帰結とみなされる事柄に対しても、社会は一定の支援を行っている（たとえばスキーで転倒したために障碍をもつようになったとしても、公的保険の適用から排除されることはない）。それが、市民の間に平等な関係を築き、維持するうえで十分なものであるかどうかは措《お》くとしても、あらゆる選択の帰結に対して自己責任を厳しく問うという仕組みにはなっていない。

†「運の平等主義」の難点（2）

「運の平等主義」の考え方には、市民の平等を擁護するという点から見て、ほかにも無視できない問題がある。というのも、この考え方は、運に恵まれた人々がそうではない人々に支援の手をさしのべるという優劣の関係を市民の間につくりだすからである。

不運に対して補償を受ける人々は、自らの抱えるハンディを、あるいは自分の能力が十分なものではないことを社会に示さなくてはならなくなる（生まれつきの容貌のために不利な立場を余儀なくされている人は、その補償を受けるために自らの容貌が「劣っている」ことを認めなくてはならない）。不運への補償それ自体がつくりだすこのような優劣の関係は、社会の制度はすべての市民に平等な地位を保障し、それにもとづく自尊を可能にすべきであるという考え方とは相容れない。

「運の平等主義」には、選択の帰結に対する冷酷な処遇を正当化し、不運に対する補償が市民の間に優劣の関係をつくりだし、補償を受ける市民に「劣位の者である」というスティグマを与えるという難点がある。それに加えて、次の二つの問題を指摘することができる。一つは、純粋に本人の自己責任を問うことができるような選択はありうるのかという問題であり、もう一つは、補償という財の再分配だけで正当化しえない不平等に対処できるかという問題である。

†選択と責任についての疑問

そもそも、個人の自己責任を問うことができる純粋な選択というものがあるかどうかは疑わしい。「インセンティヴ・ディバイド」（意欲の格差）をめぐる議論が示すように、「やる気」は本人には帰責できない事情（家庭環境）によって左右されるだけではなく、生来の才能によっても規定される部分がある。個人の自己責任を問える範囲を特定するのはきわめて困難であり、努力に応じた財の分配に対してロールズが否定的な見解を示したのも、選択とそうでないものをはっきりと切り分ける術を私たちはもっていないからである(Rawls 1999, §48)。

とはいえ、個人がどのような選択をしようと、その選択にはつねに当の個人が制御できない要因が作用しており、それゆえその責任を問うことはできない、とするのもあまりに原理的に過ぎるかもしれない。だとすれば、社会の制度に求められるのは、ある個人の選択に対して責任を問うことができるような選択状況をつくりだすことである。もし、ある個人が、不利な状況で何らかの選択を余儀なくされるのではなく、しかも選択を行うに際して十分な情報と熟慮の機会が得られるとすれば、その個人が自らの選択に対して責任を負うことは理にかなっていると考えることもできる。問題は、そのような公正な選択状況を社会の制度がつくりだせるかどうかにある。

†カテゴリーにもとづく不平等

正当化しえない不平等に補償をもって十分に対処しうるかどうかも、再考すべき論点の一つである。アメリカの社会では黒人と白人の間に不平等が根強く存在する。黒人と犯罪性を結びつけるプロファイリングが行われているのは周知のとおりだし、白人と同等の所得や富を得た黒人が、白人中心の居住地に住むのがたやすいかと言えばそうではない。

E・アンダーソンが指摘するように、黒人の「劣位性」を規定しているのは所得や資産等の経済的要因というよりもむしろ人種的要因である（Anderson 2010）。人種にもとづく集団間の隔離（segregation）が存在するために、劣位の集団は、優位の集団がもつ機会にアクセスすることがかなわず、各種の資本形成（金融資本・人的資本・社会関係資本・文化資本）において不利な立場にたたされることになる。

こうした集合的なカテゴリーにもとづく格差は、人種だけではなく、ジェンダー、性的指向、エスニシティ、宗教などについても生じる。日本では、男性と女性の格差がなおもはなはだしい——「世界経済フォーラム」（二〇一六年）のジェンダーギャップ指数ランキングでは日本は一四四カ国中一一一位へとさらに後退している。女性には男性とくらべアクセスしうる機会が閉じられているが、カテゴリー間の不平等に対して、個々人への資源の再分配によってのみ対処することには限界がある（Young 2000; 木部 二〇一六）。

というのも、ほとんどの場合、人々の属する集団は自発的に選択されるものではなく、非自発的に与えられるものである。そうした集団は、人々の選択状況を左右し、劣位の集団に属する人々の選択の機会を制約する。個々人の力によってその制約を脱することがかりに可能だとしても、それはむしろ例外にとどまるだろう。集合的なカテゴリーにもとづく不平等は、有利‐不利をもたらす要因をもっぱらそれぞれの個人に帰す「運の平等主義」とは異なった対応を必要としている。なぜなら、市民の間に正当化しえない不平等をもたらしている大きな要因は、個人の属するカテゴリー的な諸集団に優位‐劣位の序列を与えるような、現に社会で妥当している規範でもあるからである。

†関係論的な平等主義の考え

「運の平等主義」の考え方には、いま見てきたように、いくつかの難点がある。正当化しえない不平等に対応するためには、問題を個人的な要因に帰すのではなく、人々が他者との関係においてどのような立場を占めているか、その有利‐不利がどのような諸要因によって規定されているかを考察することが必要になる。

政治理論において「関係論的な平等主義」と呼ばれるアプローチが、「運の平等主義」の難点を踏まえた見方を示している。それは、人々がどのような機会にアクセスすることができているか――どのような選択状況にあるか――を社会関係に即してとらえ、人々が市民として劣位の立場にたたされることのないように、関係そのものの再編を求める(代表的な論者として、E・アンダーソンのほか、I・M・ヤング、J・ウルフを挙げることができる[Anderson 1999, Young 2000, Wolff 2007])。「関係論的な平等主義」は、諸個人に対する財の再分配(補償)だけで不平等に適切に対処できるとは考えない。不平等は、人種、ジェンダー、性的指向、エスニシティ、宗教などの物質的な財には還元できない諸要因によっても規定されていることが重視されるからである。

「関係論的な平等主義」にとっての課題は二重である。消極的には、人々が市民として平等であるために不可欠な機会へのアクセス――たとえば教育や医療サービスを受ける機会――がどのような要因によって妨げられたり、制約されているかを特定することである。積極的には、機会へのアクセスを阻害したり、制約している要因をいかにして取り除くことができるかを構想することである。現行の制度がその要因であるとすればその再編が求められるし、制度の再編だけでは対処できない事柄については(制度的な男女差別の撤廃が、女性を不利な立場におく雇用慣行を変えていないのは周知のとおりである)、市民社会において妥当している規範やそれにもとづく慣行を変えていくためにどのような手立てがあるかを考える必要がある。

正当化しえない（社会・経済的）不平等に対して制度的にどのように対応しうるかについては第Ⅱ部で考察することとして、次節では、市民と制度の関係を取り上げ、制度を維持し、再編していくうえで市民はどのような役割を果たすことができるのかを考えたい。

2 制度への不信

†制度と市民の関係

人々の関係のあり方は、相互行為の定着したパターンである慣行（practice）や習慣（convention）によっても規定されるが、それを最も強く規定するのは、強制力をそなえる政治社会の諸制度である。ロールズが正義論の主題を「社会の基礎構造」つまり社会の主要な諸制度に定めたのもそのためである（Rawls 1999, §1）。

市民は、制度を媒介として他の市民との関係を結ぶとともに、その制度をつくり、また改編することのできる立場にある（逆に言えば、そのような立場にある人々が「市民」と呼ばれる）。不当な事柄が何らかの制度によって惹き起こされているとみなすとき、市民は、政治的なルートを通じて、その制度を問い直すべく、他の市民に訴えることができるし、他の市民の共鳴が得られる場合には、その制度の改廃を政策課題《アジェンダ》として提起していくことができる。

とはいえ、私たちは、制度のあり方にときとして疑問を感じながらも、それらを制度の具体的な問い直しにつなげていくことは稀《まれ》である。むしろ、生活に直結する制度への信頼が揺らぐなかで、それをどのような方向に向けて再編すべきかについての指針をもてずにいるというのが実情に近いのではないかと思う。

†なぜ制度への不信が広がっているのか

制度と市民の関係を問い直していくために、まず、いまの日本の社会において、制度（とその運用）への不信が広がっている背景として考えられる事情をいくつか挙げてみたい（政府を信頼しているとする日本の市民の割合は二〇〇七年の二四パーセントから二〇一二年の一七パーセントへと低下している）。

その一つは、経済成長の鈍化とそれにともなう公的財政の逼迫《ひっぱく》である。成長期には、政府は、人々が提起するさまざまな要求に応じることができた。政策が特定産業の保護や競争力強化に傾く場合にも、政府は、それ以外の産業に対してその不利益を補償する種々の対応策をとることができた。また、雇用保障や社会保障についても、政府は、公共事業や各種の規制（たとえば解雇に対する規制など）を通じて、人々の雇用の機会を守り、社会保険の制度を通じて不十分ながらも人々の生活のリスク（失業、労災、加齢、疾病、要介護）に対応することができてきた。

しかしながら、一九八〇年代後半から顕著になってきたのは、人々の諸要求に応えるという点での政府のパフォーマンスの低下である。政府は、非生産的とみなされるセクターが被る不利益を十分には補償することができなくなってきた。日本ではもともと貧弱な社会保障の機能をカバーしてきた雇用保障も、非正規雇用労働者の増加に見られるように、大幅に後退してきている（そして多くの企業も被雇用者の生活／人生を「丸抱え」するだけの余力を失った）。人々の雇用は不安定なものとなり、社会保険料を拠出できない者や利用に際して自己負担分を負えない者にとって、社会保険制度は生活の拠り所ではなくなっている。

成長がリアルに感じられるかぎり、深刻な抗争を惹き起こしておかしくない諸問題も顕在化せず、人々は政治にほとんど関知しないライフスタイルを取りつづけることができた。しかし、成長の終わりは状況を一変させ、人々は、その要求に応えるどころか、むしろ新たな負担を次々と求めてくる政府に直面するようになった。「痛みを分かち合う」というのも聞きなれた言葉になったが、それが一時のものに終わる保証がないこと、むしろ、財政状況を見ればさらなる負担増が待ち受けていることを誰もが予見している。

もちろんどのような政府も、人々の社会的・経済的諸要求のすべてに応えることはできず、選択的に応じるほかない。その選択を正当化する理由を明らかにすることが政府には求められるが、成長期には、政府は、応えることのできない諸要求に対して一定の「手当て」（利益分配）を行うことを通じて、その選択の理由を明示することを避けてきた。しかし、それだけのパイがなくなったことによって、政府が誰のどのような要求に選択的に応えようとしているのかが——たとえばTPP交渉の経緯から——眼に見えるようになってきた。

†負の財の分配

制度やそれを運用する政府への不信が広がっているもう一つの理由は、負担が避けられないとして、それが誰にどのように分配されるかについて人々が疑問を抱くようになってきた、ということである。

振り返れば、成長期においても、原発や産廃処分場のように、リスクを含む負の財は非対称的な仕方で分配されてきた。非対称的というのは、そうした財は、ほとんどの場合、交渉力において劣る地域に負荷されてきたからである（大庭二〇一五）。もちろん、政府はそうした不利益に対して金銭的な補償をもって対応し、抵抗や不満を鎮めようとしてきた。

不利益に対するそうした補償は、ある時期まではたしかに功を奏したと言ってもよい。負の財を引き受けることによる財源の増加や雇用機会の創出は、生産性の高い産業をもたない地域にとってはやはり抗しがたい魅力をもっていたからである（このことは原発を受け入れた地域がどこかを見れば明らかだろう）。

しかしながら、不利益に対する補償というこれまでのやり方も明らかに行き詰まっている。政府による補償は必ずしも持続可能な発展をもたらさない——むしろ「ハコモノ」の維持費などが地域の発展を阻害するかもしれない——という認識、負の遺産を将来世代にのこすことへの危惧、国家の政策に過度に依存し、それに振り回されてきたことへの反省などを通じて、市民は、負の財を引き受けることによって損なわれ、失われる利益や価値への認識を獲得してきた。

生活の質を重視するそうした認識の変化には、もはや金銭的補償をもって対応することはできない。一九九〇年代後半に、巻町《まきまち》や御嵩町《みたけちょう》、徳島市などで行われた一連の住民投票は、こうしたやり方を拒否する市民の意思表明であったと見ることができる。

†「負担」の問題

社会的協働を維持していくための負担を誰にどのように分配すべきかは大きな問題だが、まず、日本の市民がこれまでおってきた負担は、他国の市民に比べて重くはないという事実を確認しておきたい。GDPに占める税および社会保険料負担の割合を示す「国民負担率」は OECD加盟諸国三五カ国のなかで低いレベルにある（二〇一三年度で下から七番目）。また、労働力人口に占める公務員の割合も同じように最低レベルにある（二〇一一年度で下から二番目）。「大きな政府」から「小さな政府」へというレトリックが一時期よく用いられたにもかかわらず、日本の市民は一度も「大きな政府」をもったことはなく、その負担はけっして重いものではなかった。

にもかかわらず、市民の関心は、歳出の無駄を省くこと、政治家や公務員の数を減らすことへと向けられ、互いの生活条件を保障しあうために制度をどう再編すべきなのか、その制度を支えていくためにどれだけの負担を負うべきなのかには向けられてこなかった。たしかに、二〇一四年に消費税が五パーセントから八パーセントに引き上げられた際、少子高齢化の条件のもとで社会保障制度（とりわけ年金制度）を維持していくことがその理由として挙げられ、多くの市民は財政が逼迫しているという事情も考慮してそれを受け入れた。しかし、その受容は「やむをえない」という消極的なものであり、制度への確たる信頼にもとづくものとは言えない（実際、増税分のうち八割方は実質的には社会保障費ではなく財政再建に当てられると見込まれている）。

それは、この間くり返されてきた制度改革が、社会保障が安定的なものとして持続していくという見通しよりも、それが先細りしていくことは避けられそうにないという不安をもたらしてきたからである。そうした不安をできるだけ解消し、制度への信頼と支持を取り戻していくためには、負担増の理由を明示し、それが受容できるものかどうかを公共の議論に問いかけていかなければならないはずであるが、そのことは回避されている。

†市民のクライアント化

制度への不信を説明する第三の理由は、市民自身に関わるものである。すでに触れたように、人々は、戦後の経済成長のもとで、制度のあり方を政治的に検討する市民というよりも、むしろその受益者たるクライアントとしての態度をとってきた。その特徴は、福祉国家に保護を要求しつつ依存するところにある。まずまずの保護が得られれば、クライアントは、それと引き替えに国家に対して「忠誠」を示す。したがって、その保護が十分なものではなくなり、受益できるサービスが低下すれば、そうした「忠誠」の動機づけもしだいにはたらかなくなる。

現状については、人々が保護の後退を経験しはじめ、サービスの低下に不満を抱きながらも、まだ制度それ自体への基本的な支持を撤回するには至っていない、と見ることができる。「制度離れ」(たとえば国民年金未納率の増加)の現象も見られるが、市民の多くが、私的な要求主体としての視点から、まだなんとかなる範囲にあるという判断を維持しているからだと思われる（W・シュトレークが指摘するように、政府が国債の大量発行によって問題を先送りしてきたという事情もその背景にある［Streeck 2013］）。

しかし、国家財政における巨額の累積債務、担税力のある働き手の減少、そして中低所得者へのしわ寄せがすでに限界に達しているといった事情を考慮すれば、この先もクライアントとしての態度をさしたる根拠なくとりつづけていくことは難しい。新たな負担増が避けられないとすれば、誰がどれだけの負担を負うべきなのか、そしてその負担の受容を正当化しうる理由は何なのかについて、市民自身も真剣に検討せざるをえなくなるからである。

制度への不信が制度の弱体化をもたらし、それがさらに制度への不信を助長するという悪循環を脱していくためには、制度と市民はどのような関係にあるのか、市民は共有する制度に対してどのような責任を負っているかについてあらためて考える必要がある。政治社会の制度とは、そもそも市民にとってどのような価値を実現するためにあるのだろうか。

3 公共的価値

†「公共の福祉」について

言うまでもなく、市民が共有する制度は、一部の市民を利する私的な価値ではなく、すべての市民が受容しうる公共的な価値を実現するためにある。もし、特定市民にとっての価値を実現するために制度がはたらくなら、そうした制度は、他の市民にとっては抑圧的なものとして作用せざるをえない。

制度が実現すべき公共的な価値は、思想史上、「公共善」ないしは「公共の福祉」と言い表わされてきた。それを英訳した言葉〝common wealth〟が一時期「国家」とほぼ同義であったことが示すように、「公共の福祉」(salus publica) を実現することこそあらゆる政治社会にとっての「最高の法」(suprema lex) であるとみなされてきた。

問題となるのは、「公共の福祉」をどう解するかである。この言葉は、日本国憲法においても、市民に保障された自由および権利の濫用を制約する根拠として用いられている（憲法第一三条後段など）。もし、それを、国民全体にとっての利益ないし幸福と解するなら、それを根拠として個人の権利や自由を制限することが正当化されてしまい、逆に、公権力の濫用に途をひらいてしまうことになる。

実際、「公共の福祉」は、一七世紀から一八世紀にかけての統治目的に関する議論（国家理性論）においては、法から逸脱しても人民の幸福を実現することとして解されていた。「国家の思慮」（Staatsklugheit）は、何が人々の幸福であるかを統治者が定義するパターナリスティックな支配を正当化していた。

「法の支配」は、統治者による「公共の福祉」の恣意的な定義やそれに沿った権力の濫用を避けるべく啓蒙期の思想家によって提起されてきた考えであり、それは、現代においても妥当する。ここでは、「公共の福祉」を人民の幸福の実現と解するC・ヴォルフら同時代の議論を批判し（網谷 二〇一四）、それはすべての市民に対する平等な自由の法的保障を指すと明言したI・カントの言葉を引いておきたい。

「「公共の福祉は最上位の国法である Salus publica suprema civitatis lex est」という命

題は、たしかに、いささかも価値と威信とを減らすことなく、いまも存立する。しかし、何よりもまず考慮に入れなければならない公共の福祉とは、法によって一人ひとりすべての人に対して自由を保障するような法的体制である。その場合、普遍的法則にかなった自由を侵害することさえなければ、したがってともに同じ臣民〔法の被適用者〕である他の人たちの権利を侵害することさえなければ、自分にとって最善と思われるそれぞれの仕方で自分の幸福を追求することは、各人の自由裁量に任されているのである。」(Kant 1793, S. 154-155〔一九九―二〇〇頁〕、訳文は一部変更した)

このように、カントによれば、政治社会の制度が何よりもまず実現すべき公共的価値とは、すべての市民に対して平等な自由を保障することである。この条件のもとで、各人は自らの幸福(善の構想)をそれぞれの仕方で追求することになる。この考え方は、「平等な自由の原理」――「各人は、他の人々にとっての同様な自由と両立しうる最大限の基本的諸自由への平等な権利をもつべきである」――を正義の第一原理として位置づけるロールズによっても継承されている(Rawls 1999, §11)。

†公共的価値はどのように特定されるか

政治社会の制度が実現すべきは、幸福の実現ではなく平等な自由の保障である。制度の基本的役割をこのようにとらえる思想の伝統にしたがって、公共的価値がどのように特定されるかを手短に考察してみたい（Pettit 2004）。

公共的価値は、まず、多数者が支持する価値ではなく、それを多数決によって決めることはできない。多数者にとっての価値が公共的価値として定義されるならば、少数者の基本的権利を侵害することも多数者の善を実現するために正当化されてしまうことになる。このことは、公共的価値は、少数者を含むすべての市民が強制なく受容しうる価値であることを意味している。

公共的価値は多数者にとっての価値ではないとして、それをどのようにして特定することができるだろうか。それが、私人がそれぞれ追求する価値の共通部分を指すかと言えば、答えは否である。というのも、健康被害や温暖化を避けるために排気ガスを規制することはすべての人々にとって資するが、それも（たとえばガス排出に課金される）一部の人々の利益には抵触するからである。公共的価値とは、自らの私的利益には反するとしても、すべての人々が市民として判断するときに受容しうる価値である。

制度が実現すべき公共的価値とは、より多くの人にとっての価値（多数利益）でもなく、人々が追求する私的価値の共通部分（共通の私的利益）でもない。それは、互いに異なった生を生きるすべての人々が、利害関心や価値観の違いにかかわらず、市民としては互いに受け入れることのできる価値である。次に見るように、公共的価値とは、公共的理由（public reason）によって正当化される価値を指すと考えることができる。

†公共的理由による正当化

あらかじめ定義するなら、公共的理由とは、利害関心や価値観を異にする人々がともに受容しうる理由である。T・M・スキャンロンによれば、誰もが理にかなった仕方で退けることができない理由によって支持されるときに、正‐不正に関する主張は正当化される（Scanlon 2003b）。つまり、すべての市民が、積極的には支持しないとしても、それぞれの立場から見て理にかなった仕方では退けることができないと判断する理由によって正当化される価値が――たとえそれが少数者のものであるとしても――公共的価値とみなされることになる。この「理にかなった仕方で退ける」ことができるかどうかという規準は、権利・義務にかかわる法や政策の決定にあたって一人ひとりの市民の立場が考慮に入れられることを要請する。

この規準は、不利を被りがちな少数者を含め、各々の市民の立場に対して拒否権（veto）を与える（これは現実の拒否権ではなくあくまでも仮設的な拒否権である。もし一人ひとりの市民に現実の拒否権が与えられるなら現状維持を脱することはできなくなるだろう）。つまり、市民は、自分でも受け入れられないような理由をもって自らの主張を他の市民に対して正当化することはできず、当の理由にもとづく拒否を認めなければならない。

「理にかなった拒絶可能性」（reasonable rejectability）のテストは、各市民それぞれの立場を平等に尊重する判断形成の手続きを与える。言いかえれば、それは、多数意思が少数意思を無視したまま貫徹されるのを阻む反省の機会を与える。もちろん、あらゆる法や政策がこのテストの対象になるわけではなく、それが厳格に適用されるのは、問題となる法や政策が基本的な権利の侵害など道徳的な不正とみなされる事態を引き起こす恐れがある場合である。

公共的理由による正当化が重要なのは、（多数者に属する）人々が、個人（私人）としての利益に明らかに反する主張（法案や政策立案）であっても、市民としてはそれを支持する理由を受容しうると判断し、自分自身をその理由によって説得することが可能となるからである。「理にかなった仕方で」という言葉は、私人としてではなく、市民（つまり、制度を共有する他の市民の立場をも考慮に入れる主体）として判断を形成することを指し示している（したがって、自らの私的価値の追求が阻害されるという主張は「理にかなった拒絶」とはみなされない）。

このように、公共的理由とは、あらゆる市民の立場から批判的に検討を加えてもなお維持できる理由である。ある法案や政策立案が、そのような検討をするときに維持できないと判断される場合には、それらは公共的価値にかなっているとはみなされない。たとえば、何らかの政策が、ある市民の立場から見て生命や健康を損なう重大なリスクをともなうものであると判断され、しかもその判断を他の市民も理にかなったものと認めるなら、それは撤回されるべきである。

もちろん、そうした理由の検討を行っても、何が「理にかなっている」かについても争いが避けられない以上、何が公共的理由であるかについての合意を導くことはできないという見方もあるかもしれない。しかし、理由の検討を行う公共的推論は、（誤った事実認識にもとづく、あるいは偏った判断にもとづく）不十分な理由を退けることを目指すのであり、すべての人々が完全な合意に到達することを目標とするわけではない(Forst 2007)。公共的推論の役割は、市民が積極的には支持しないとしても退けることができないと判断する理由を特定していくことにある。

†具体的ケース

「公共的理由」による正当化がどのように行われるかについて、高レベル放射性廃棄物の保管施設をどこに設けるかという問題を例に少し考えてみよう。

高レベル放射性廃棄物は、使用済み核燃料等、原子力発電の稼働によって生みだされる核廃棄物である。日本にはすでに膨大な廃棄物があるのに加えて、原発が再稼働したことによって日々新たに生みだされている——しかもそのほとんどは原発施設内にかなり無防備な状態で蓄積されている——が、その最終的な保管施設をどこにどのようなかたちで設けるかはまだ決まっていない。この廃棄物が途方もないリスクをはらんでいるのは明らかである以上、どの地域もそれを受け入れようとはしないのは当然とも言える。この件に関して、受け入れを拒む各地域の市民の判断は「理にかなった拒絶可能性」のテストをパスするはずである。

このケースもそうであるが、受け入れを拒む理由が市民によって十分に共有されるものであり、しかも当の「負の財」をつくりださなければならない必然性がない——社会は原子力に代わるエネルギーを開発しうる——場合には、それをつくらないことが政策形成の基本線になるはずである。「理にかなった拒絶」は、逆に、「負の財」をあえて維持しようとする「理由」がはたして妥当なのかを問い返すことができる。

†「合理的である」／「理にかなっている」

市民として判断し、行動することは、個人（私人）として判断し、行動することとはつねに重なるとはかぎらない。ロールズによる「合理性」(rationality) と「道理性（理にかなっていること）」(reasonableness) の区別を参照して、少し整理しておきたい (Rawls 1993, Lec. II §1)。

私たちは、個人（ある集団の一員）としては、自らの利益を追求し、自らにとっての価値を実現しようとするが、市民としては、法や政策を通じた利益や価値の追求が他の市民にとっても受容可能なものであるかを検討しなければならない。個人としての判断形成は、もっぱら、「合理性」つまり自らの所与の目的を実現するのに最適な手段を選択する理性に沿って行われるが、市民としては、その判断を、「道理性」すなわち他者による受容可能性を検討するもう一つの理性に照らして省みることが求められる立場にある。

望ましいのは合理的かつ理にかなった判断を形成することであるが、両者の間に齟齬《そご》がある場合には、「道理性」によって「合理性」を、他者もまた受容しうる理由によって自らを最適化する理由を制御することが市民には求められる。言うまでもなく、こうした自己制御はそうたやすいことではない。

私たちは、自己利益の追求を「道理性」の観点から制御しうる場合にも、自分の属する集団――会社であれ宗教団体であれ――を最適化する行動をとることに躊躇《ちゅうちょ》を感じないことが多い。むしろ、自集団の要請に応える立場にあるときにはとくに、内部を優先し、その目的の実現に向けて合理的に行動することは当然とみなされがちである。

もちろん、自集団の内部最適化をはかることそれ自体は何ら非難されるべき事柄ではない。問題は、内部最適化のためにひたすら合理的に行動しようとすると、その行動が外部にとって受容可能なものであるかどうかを省みる道理性の視点が薄れることにある。内部に対してのみ責任を負う関係をつくり、それを維持することは、外部に対する責任を減免するようにはたらいてしまう。こうして、ひたすら自集団のために貢献することは、しばしば「道徳的な抜け穴」(T・ポッゲ)として作用する(Pogge 2002)。

こうした事態を避けるためには、他者——とりわけ自らの行動の影響を被ると見られるステイクホルダー——に対して、自らの判断や行動を正当化する理由を挙げることが迫られるような制度や慣行をつくりだしていくことが必要になる。

4 承認と連帯

前節では、政治社会の制度が実現すべき公共的価値とは何か、それはどのようにして正当化されるのかについて見てきた。制度は何よりもまず、相互の関係において各市民に平等な地位を保障すべきであるが、その関係において、平等な者としての尊重が成り立っているかどうかをどのようにして判断することができるだろうか。

法をはじめとする政治社会の諸制度は、すべての市民が互いの間に対等な関係を築き、それを維持していくために不可欠な媒体《メディア》である。私たちは、制度を通じて、その制度を共有する他の市民を、自らと同じ権利をもち、また義務を負う「平等な者」として認めあう。

市民間の相互承認は、間人格的（inter-personal）なものではなく、制度を媒介とした非人称（impersonal）のものである。その意味で、ハーバーマスが描くように、制度を媒介とする市民の関係は具体的ではなく抽象的な質を帯びている（Habermas 1996）。そのように抽象的でありながらも、市民は、制度を通じて、相互に他の市民の生活条件を規定しあう関係にある。

第Ⅲ部で見るように、市民は、民主的な政治過程を通じて制度のあり方を評価し、それを改廃していくことのできる立場にある。もし現行の制度が、ある市民を平等な者として尊重することができていないとすれば、その平等尊重の毀損に対して、他の市民は責任を問われる立場にある。

それでは、制度が市民をどのように扱うときに平等な尊重が成り立っていると言えるだろうか。この問いについて「相互性」という言葉を用いて考えてみたい。

†社会的協働における相互性

市民の間に平等な関係が成立しているということは、端的に言って、誰かが誰かを支配しうるような関係にはないということを意味する。政治的、経済的、社会的、そして文化的に見て、誰かが自らの意思にもとづいて一方的に他を制御しうる関係が存在するとすれば、市民の間には「相互性」(reciprocity)が欠けていると見ざるをえない。

相互性は、(消極的には)互いの間に支配‐非支配の関係をつくらず、(積極的には)互いが平等な者であるために相互の生活条件を支持しあう関係が築かれ、維持されることを求める。とはいえ、これは誤解を招きやすい言葉でもある。

というのも、相互性は、互いの利益になるという「相互便益」(mutual benefit)という意味で解されやすいからである(相互性が「互恵性」という語で表される場合にはこの意味合いが強くなる)。相互便益は、お互いになにがしかの貢献(「見返り」)が期待できる人々の間でしか成立しないとすれば、そうした貢献を期待できない人々は、この意味での相互性にはふさわしくないことになる。

相互貢献‐便益という見方は、自己利益を追求する主体が、長期的に見た場合には、他者と協働したほうが、そうでない場合よりもより大きな利益を得ることができるという考えに沿っている(いわゆる「協力ゲーム」では、長期的に見た場合の利得の見込みがプレイヤーに他と協調した行為をとるように促す)。この意味での相互性は、有利が見込めるかどうかに依存するものであり、安定した関係を導かない。そうした協働は、合理的に推論する各人にとって負担が便益を上回る場合には意味をなさなくなるからである。

富裕層が納税負担を逃れるために他国（タックス・ヘイブン）に資産ないし国籍を移す行動は、自らにとって便益が負担を上回るかぎりで社会的協働に参加するという考え方を実際に示しているし、年金制度において未納者が増大していることの理由の一端もこのことによって説明できる。相互にとっての利益の供与という意味で相互性を理解するかぎり、それは、市民の間に安定した関係を築くことはできない。

他方、相互性のある関係は利他的なそれからも区別される。利他性は、他者のために、あるいは社会的協働のために自ら犠牲を払う態度を意味する。便益を上回る負担を甘受するよう他の市民に対して要求することは、道徳的に見ても要求度が高すぎ、やはり関係を持続的なものとしていくことができない。のみならず、特定の市民の利他的な自己犠牲のうえにはじめて成り立つような社会的協働は、すべての市民に対する平等な尊重という観点から見て受け入れることができない。

†相互性のある関係

このように、市民間の相互性は相互便益や利他性から区別される。それは、他者に対して否認する事柄を自分については肯定しない、自分が退けようとする事柄を他者に負荷しないという関係、つまり、相互に対して正当化可能な仕方で振る舞うことを要求しあう関係を意味する。したがって、政治社会の制度は、相互性を原理とする場合には、その成員であるあらゆる市民——とりわけ、より不利な立場にある市民——に対して正当化可能なものでなければならない。

相互性のある関係において、市民は、まず、共有される制度を通じて他の市民に対して不当な危害を加えない——たとえば重大なリスクを負荷しない——という「消極的義務 negative duty」を負う。他者に危害を及ぼしながら、その他者との関係を維持することは相互性の原理に照らして正当化できないからである（対照的に、「積極的義務 positive duty」とは、自らに原因があるのではない他者の苦難の軽減をはかる義務である）。

とはいえ、制度を通じた加害を避けることは最低限の責務であり、互いを平等な者として尊重しあう関係を築くにはそれだけでは不十分である（諸個人の自由を擁護しながらもそれが平等に享受されるための社会的・経済的条件には関知しないリバタリアンなら、それで十分であると考えるだろうが）。というのも、先に述べたように、人々は、自らが制御しえない諸事情——生来の才能、生育した家庭環境、さらには非自発的にそれに属している集団的カテゴリーなど――によって、社会関係において有利な立場を占めたり、不利な立場を強いられたりするからである(ポッゲの指摘する「制度を介する加害」は国際社会だけではなく国内の社会においても生じる [Pogge 2002])。

そうした有利‐不利の違いが「値しない」ものであり正当化できないとすれば、制度の再編によってその不平等を是正していかなければならない。そしてそれを是正し、市民の間に相互性のある関係を築くためには、社会的資源の再分配を行う必要がある。

もちろん、市民の間に生じるあらゆる有利‐不利が不当なわけではない。有利‐不利に違いがあるとしても、それがあらゆる市民――とりわけ最も不利な立場にある人々――の生活条件を改善するように作用するのであれば、一定の社会的・経済的不平等は正当化することができる(ロールズのいう「格差原理」[後述] はこの考え方を表している)。相互性の原理が求めるのは、市民の関係を媒介する社会の主要な制度がそれに沿ってアレンジされることであり、あらゆる違いを制度によって均らしていくことではない。

相互性は、それが相互貢献‐便益という意味に還元されるなら、貢献の有無やその多寡によって、平等な関係にとってマイナスに作用する。逆に、平等な関係を維持するために貢献の違いを均してしまえば、そのような平準化は社会的協働の水準を低下させ、その活力を奪うことになる。相互性と平等とを両立させるためには、有利‐不利に一定の違いが生じるとしても、その違いが人々の間に優位‐劣位の固定した関係を導くのではなく、逆に、不利な生活条件を改善するように作用する制度のあり方を考える必要がある（具体的にどのような制度かについては第Ⅱ部で検討する）。

次に考えたいのは、平等な者としての相互尊重は市民の間でどのような承認の形態をとって成立するか、その尊重の毀損はどのように経験されるか、そしてそうした尊重の毀損に対して市民はいかに対応することができるか、という一連の問いである。平等な尊重の毀損は、当事者の一人称の視点から見るとき、どのように経験されるだろうか。

†相互承認の形態

平等な尊重の毀損は、当事者にとっては、他者と対等な者として扱われたいという承認の要求が充たされない事態として経験される。言いかえれば、劣位の者として扱われる経験が反復されるなら、自尊の条件が損なわれていく。ここではドイツの社会哲学者A・ホネットの相互承認論を参考にして、この問題について少し考えたい。

ホネットによれば、人々の間に成立する相互承認は次の三つに分節化して理解することができる（Honneth 1994）。

一つは、親密圏――家族はその一形態である――の成員相互の関係における承認である。これは、一方向的あるいは双方向的な愛情ある配慮をもって具体的な他者の必要に応じる関係において成立する承認である（「愛情と配慮の原理」）。第二は、国家の成員相互の関係における承認である。これは、すべての市民を平等な法的人格として尊重する関係においで成立する（「法的平等の原理」）。第三は、市民社会の成員相互の関係における承認である。これは、個人の社会的・経済的活動をその成果にもとづいて評価しあう関係において成り立つ（「業績原理」）。

本書では、これまで第二の承認のかたち、つまり、すべての市民が制度を媒介として互いを平等な者として尊重しあう関係について述べてきたが、ホネットの主張するように、人々の相互承認はこの形態には還元されない。人々は、平等な市民として承認されるだけではなく、同時に具体的な誰かとしても承認されることをも欲している。そうした承認は、親密圏においては、親と子の関係、パートナーや友人どうしの関係において、互いを配慮しあうというかたちをとることもあり、また、市場を含む市民社会において互いの活動とその成果を評価しあうというかたちをとることもある。

†法的承認の毀損

日本において、市民間の法的な承認は、まだ十全なものとは言えないことをあらかじめ確認しておきたい。強制力をそなえる同一の制度に服しながらも、平等な市民としては承認されていない人々が現に存在するからである。

周知のように、在日韓国朝鮮人などの定住外国人は、法の適用においては国籍所有者（国民）とほぼ等しい扱いを受けながらも、その法を制定する政治過程からは排除されつづけている（日本は、定住外国人にいまだ参政権を認めておらず、その意味で、M・ウォルツァーのいう「市民［自身］による暴政」の側面をまだ残している［Walzer 1983］）。自らの生活を左右する制度のもとにおかれながら、その制度のあり方に対して何ら発言権をもちえないということは、他者の（一方向的な）意思に依存しないという政治的平等の観点から見て受け入れられる事柄ではない。

また、性的指向の相違ゆえに、異性愛のカップルが制度的に享受できる一群の特権から排除されている人々もまた、平等な市民として承認されているとは言えない。このように、日本における法的な承認関係は、同一の制度を共有する市民の一部を劣位の者として扱っている。

ここで少し立ち入って考察する必要があるのは、国家における平等な法的人格としての承認と市民社会における承認との関係である。社会的・経済的な不平等が政治的な平等に否定的な影響を及ぼすように、第三の承認形態は第二のそれを実質的に左右していると考えられるからである。

†市民社会における相互承認

ホネットが第三の承認の場として考えているのは、市場を含む市民社会である。承認の原理として「業績」(Leistung/achievement) という言葉が用いられているのもそのためである。たとえば、私たちは、自分が達成した職業上その他の成果を正当に評価してほしいと願っている。同じだけの仕事をしたのに異なった仕方で処遇されるとすれば、私たちはその評価を不当なものと感じる。

とはいえ、互いの活動の成果を狭い意味での「業績」に限定することが妥当かどうかについては異論の余地がある。というのも、まず、私たちの活動は「業績」をもたらす狭義の労働には限定されないからである。社会的協働への参加は、具体的な財の生産やサービスの提供という形態をとるとはかぎらない。たとえば、地域再生のために必要なネットワークを築き、それを定着させていく活動は、必ずしも眼に見える短期的な成果をともなうわけではない。

社会的協働への参加が、労働という活動様式を含むことはたしかだが、それを労働に限定するとすれば、多くの活動とその成果が承認の対象から排除されることになる。むしろ、それぞれの活動を正当に評価するためには、何かを生産する労働のみを社会的協働への貢献としてとらえるような現行の価値評価の基準を問い直していく必要がある。

近年、労働市場では、短期的な成果を挙げることが求められる傾向が強く、そこでの評価は具体的な誰かとしての承認とは必ずしも結びつかなくなっている。労働市場では、多くの人が入れ替え可能な何かとして扱われる経験を余儀なくされる。職業空間の表面的・道具的な関係とは異なった関係のなかで評価を得たいという承認欲求が強まっているとすれば、市民社会における活動に対する承認を労働とその成果に限定することは、そうした承認欲求を逸することになる。

この点に関して最も重要な問題は、労働する能力／機会を欠く人々が、現行の価値評価基準のもとでは、市民社会において劣位の者とみなされ、そのことが市民相互の対等な関係にも否定的な影響を及ぼしているという事実である。

†市民社会における承認の毀損

現代の社会では、労働する能力／機会をもちうるか否かは、人々の自己評価（self-esteem）に影響を及ぼすだけではなく、平等な市民としての自尊（self-respect）をも左右するという点で人々の関係にとって決定的である。

高齢、障碍、疾病、あるいは求められる技量の欠如ゆえに労働する能力／機会を欠くとみなされる人々は、社会的に周辺化され、孤立した境遇に陥りやすいだけではなく、自分自身をあたかも「余計者」であるかのようにみなす場合すら稀ではない。のみならず、制度的にはもっぱら保護や救済の対象として扱われることによって、社会的協働に貢献するどころかむしろそれに負荷をかける存在という否定的なイメージを自分自身にも投影しがちである。現行の承認規範のもとでは、自己評価と自尊、すなわち、労働の成果に対する承認と平等な人格としての承認は不可分に結びついており、前者が損なわれる場合には後者も損なわれやすくなる。

労働する能力／機会を欠く者が、事実上劣位の者とみなされているとすれば、彼／彼女が他の市民とは異なった扱いを受けるのも「正当化」されやすくなる。実際、労働する能力／機会を欠く人々は、保護や救済の対象として眺められ、劣った者としての烙印《らくいん》を捺《お》されやすい。それを避けるために、市民としての当然の権利を行使すること――たとえば生活保護を申請すること――をあえて拒む人も後を絶たない。

承認をめぐる現行の社会規範が妥当かどうかを問い返すことが重要なのは、そうした規範が平等な自由の享受をすべての市民に保障すべき制度上の地位にも影を落とすからである。

†価値評価基準の多元化

この点に関して制度が果たしうる役割の一つは、市民社会の価値評価基準が一元化される仕方で編成されるのを防ぎ、さまざまな生き方をする諸個人が、それぞれの価値観（善の構想）にふさわしい多元的なアソシエーションやコミュニティをもつことができるようにすることである（Rawls 1999, §67）。相互承認には、市民としての平等な尊重には還元されない次元があり、人々は、たんに平等な市民として扱われるだけではなく、自らが肯定し、すすんで受け入れるような価値評価基準をもった何らかの集団において、自らの活動やその成果が承認されることをも欲している。

そうした基準が市民社会に多元的に分散していれば、人々は、その才能や適性あるいは願望に応じて自らの生を充実させていくことができる。求められるのは、一方において、公的な制度が特定の価値観にコミットするのを阻止するとともに、他方において、価値観の多元性が縮減されることがないよう――さまざまな生き方に対する相互承認が可能であるよう――に制度をアレンジすることである。価値評価基準の多元化には、同一評価基準に沿った過酷な競争圧力を緩和するとともに、社会全体に潜在する力を汲み出すことができるというメリットがある。

第Ⅱ部でも触れるが、ロールズも強調するように、さまざまな才能の違いは社会を豊かにしていく相補的、相乗的な資源でもあり、それらをただ相克的であると見る必要はない。

†承認の毀損への反応

これまで見てきたように、制度や規範が人々を「平等な者」として扱っていないとき、それは、個々の当事者には承認の毀損として経験される。

承認が損なわれる否定的な経験は、ホネットが述べるように、平等な尊重や適切な価値評価を求める「承認をめぐる闘争」を導いていく場合がある。「場合がある」という留保をつけたのは、承認の毀損は、同様の経験を被っている人々との協調した行為を促すこともあるが、閉鎖的・排外的な集団の形成に向かうことも、また個々の無力感のうちに抱えこまれていくこともあるからである（Honneth 1994）。

「承認をめぐる闘争」が国家の制度の改廃や価値評価に関わる市民社会の規範の変更をもたらしうるのは、他の市民が、承認の毀損を不正とみなし、それを正していこうとする動きに感応し、それを支持するときである。もし、他の市民が、それに反応することなく、不当とみなしうる事柄を放置するならば、「承認をめぐる闘争」が生じたとしても、それが制度の改廃や規範の変更を導くことはない。アメリカの政治学者J・シュクラーは、そのような市民の政治的無反応を指して「受動的不正義」と呼んだが（Shklar 1990）、それは誰もが日々加担してしまうごくありふれた不正義でもある。

制度を共有する市民の関係が、不当とみなされる事柄に対して互いに感応しあうことを予期しうる関係となっているかどうか。日々生じている承認の毀損の経験が、無力感や諦念に終わるのではなく、制度の再構築を導くことができる関係が市民の間にあるかどうか。次に考えたいのは、そのような関係が市民の間にいかにして築かれるかについてである。

「連帯」(solidarity)という言葉を、ここでは、市民間の政治的な協働を表すために用いるが、それはどのように形成されるだろうか。

5 連帯と社会統合

†市民間の連帯

市民相互の関係は基本的には、制度によって媒介されるものである。互いに対して平等な立場を保障しあう市民間の連帯はその意味で抽象的なものにとどまる。そうした「薄い」つながりには、次のような疑問が投げかけられるかもしれない。制度を共有するとはいえ、見ず知らずの他人のために負担をおって対応するような動機づけを市民に期待できるだろうか。市民が相互の生活条件に関心をもち、平等な立場が損なわれることに対して敏感に応じるためには、そのような抽象的な紐帯《ちゅうたい》だけで果たして十分だろうか。より強力な動機づけを市民の間に涵養《かんよう》することが不可欠ではないだろうか。

市民がそのような動機づけをもちうるようにするためには、ナショナル・アイデンティティの再強化が不可欠であるとする考え方がある。つまり、制度を媒介とする市民の連帯は、同じ国民（nation）の一員であるという共属感情による支えを必要とする、という考え方である。

†エスノ・ナショナリズム

近年、ヨーロッパ各地にはショーヴィニズム（排外主義）と呼ばれる運動が台頭し、議会においても大きな勢力を築くようになっている（近年の支持率は概ね一〇パーセントから二〇パーセント台である）。難民の流入を防ぎ、移民を排斥《はいせき》すれば、同じ国民からなる強固な連帯を取り戻すことができるというのがその主張であり、「フランスをフランス人に（取り戻す）」という標語を掲げるフランスの「国民連合」（二〇一八年に党名を「国民戦線」から改称）はその典型である（戦後、保護を求める権利＝庇護権を難民に認めてきたドイツでさえ「ドイツのための選択」という反移民政党が台頭している）。異質な要素を排除すれば、手厚い社会（雇用）保障を「本来の」国民の手に取り戻すことができるという主張が、グローバル化が進むなかで生活を脅かされていると感じる社会層にアピールするのである。

こうした思想と行動は、国民の同質性を取り戻せばおのずとその凝集性は強化されるという発想に拠っている。市民の連帯を国民のそれに還元し、市民とは誰かを民族的な同質性によってあらためて定義しようとすれば、多元的な価値観や文化的背景をもつ市民の連帯にとって抑圧的にはたらくことは言うまでもないだろう。

†リベラル・ナショナリズム

これほど強く国民の同質性に訴えるわけではないが、やはり国民性（nationality/nationhood）の回復によって連帯への強い動機づけを取り戻そうとする思想がある。これは、「リベラル・ナショナリズム」と呼ばれる。

その代表的論者のひとりであるD・ミラーは、どのような国家もすでにさまざまな文化や価値観から成り立っているという多元性の事実をまずは承認する（Miller 1995）。ナショナリズムに「リベラル」という形容詞が付されるのも、この思想は、国家の制度が、少数者の基本的権利を保障するとともに、その文化や生活様式に寛容であることを標榜するからである。とはいえ、リベラル・ナショナリズムにおいても、ナショナル・アイデンティティの核心に据えられるのは多数者とその文化である。少数者に対して寛容《リベラル》な多数者が中核となって国民の連帯を再建しようというのがその趣旨である。

たしかに、国民を構成する成員が強いアイデンティティを共有しなければ、福祉国家を再建したり、(少数者の意見を尊重するような)熟議デモクラシーを有効にはたらかせることはできないという主張は説得力をもって響くかもしれない。彼/彼女も「われわれの一員」であるという感覚がなければ、不利な立場にある者に資源を移転したり、少数者の声を真剣に受けとめようとする民主的な態度は期待できないようにも思えるからである(実際、ミラーは国家による再分配を擁護し、熟議を支持している)。

しかし、多数者の文化を軸に国民を再建しようとするリベラル・ナショナリズムの思想には無視しがたい問題がある。

第一に、国民のアイデンティティは、対外的な自己主張の強化には資するとしても、必ずしも対内的な資源の再分配を支持するわけではない(実際、日本の政治家にも、対外的には強硬な姿勢をとってナショナリズムの意識を喚起しながらも、社会保障や地方への資源の移転にはきわめて消極的な者もいる)。集合的アイデンティティの強化は、個々の市民が置かれている具体的な生活条件に関心を寄せる方向に作用する保証はなく、むしろ、生活不安を代償するイデオロギーとして作用したり、中低所得者に新たな負担を強いることを正当化する方向にはたらきかねない。

第二に、国民のアイデンティティが強調されればされるほど、それにはなじまない者に同化の圧力が加えられたり、あるいは彼／彼女らが周辺化の対象になるという、かつての国民形成の際に生じたのと同じ問題が反復されることになる。国民としての一体性を強調する教育は、それに対して違和を表明する者を否定的に扱わざるをえない。

第三に、強い国民的凝集性を保持していくための客観的な条件は、政治や経済そして文化的な相互浸透が深まったことによって、すでに失われている。多元性が深まるこの条件のもとでは、一時的には求心的な感情を動員する連帯を構築できるとしても、それは持続的なものとはならない。

ナショナリズムは否定すべきものではなく馴致《じゅんち》すべきものであるという主張も耳にするが、国家を「長い歴史と固有の文化」（「自民党憲法改正草案」前文）なるものによって——つまり他国の市民とも共有しうる普遍的な価値ではなく特殊な価値によって——再定義しようとする思潮も根強く、国民の特殊性を強調する思想と行動に対しては十分に懐疑的である必要があるだろう。政治社会の制度は、普遍的な価値をほかならぬこの地で実現することにコミットする点で「特殊的」であるとしても、普遍的な価値に背を向けるという点で「特殊的」なのではない。

†許容としての寛容の脆さ

少数者に寛容であるべきことを否定する者は多くはない。民族的少数者、宗教的少数者、あるいは性的少数者などに対して同化を無理強いせず、互いの違いを肯定していくことは、多元的な社会を維持していくための基本線である。

とはいえ、そうした寛容も、もし「許容」(permission)としての寛容にとどまるなら、少数者との間に対等な関係を築いたことにはならない(Forst 2007)。というのも、「寛容れる」ことは、少数者を劣位の者、「二級市民」として扱うこと、つまり、自らと少数者との間に相互交渉の関係を積極的につくりだすのではなく、優位を保ったまま共存するという態度を含意するからである。つまり、相手に変わることを求めないという点で同化主義的ではないとしても、自らが変わる必要もまた認めないという態度である。

これまでの寛容がかなりの程度こうした「許容」の質を帯びてきたことは、否定しがたい。そうした寛容の脆《もろ》さは、経済的な環境が悪化したり、文化・宗教的な摩擦が激しくなると露わになる。少数者は、余計な者、厄介な者、さらに危険な者とみなされるようになり、排除すべき対象としてマークされるようになる。

少数者に対する寛容は、たんなる「許容」としてではなく同時に「尊重」の質を併せもたなければ、安定したものとはならない。他者を尊重するとは、相互交渉の関係を積極的に取り結ぶことであり、そのなかで自らが自明なものと思ってきた規範や生き方をも問い直す余地をひらくことである。

もちろん、そうした態度は一定のコストをともなうが、少数者を劣位の者として扱い続けることは、彼／彼女の自尊の感情を損ない、「傷ついた愛着（wounded attachment）」（W・ブラウン）を惹き起こすことにもなる（Brown 2008）。少数者が、たとえばその宗教的アイデンティティに過剰に自己を同一化するのは、そうした劣位の立場におかれつづけてきたこととけっして無関係ではない。過剰な同一化にもとづく行動がとられれば、それに対する警戒もまた過剰なものとなり、そうした悪循環のなかで社会は、緊張に充ちたものへと硬縮していくだろう。

†制度再編による連帯の回復

社会統合を事実上国民の再統合に還元してしまうエスノ・ナショナリズム／リベラル・

ナショナリズムに代わる考え方は、制度を共有する市民の間に連帯を再構築しようとするものである。ハーバーマスのいい方を借りれば、「想像上の民族同胞」に訴える前に「現実の国家市民」の間の関係を再建していく途である（Habermas 1996）。

T・H・マーシャルが指摘したように、歴史的に見れば、一八世紀の市民権（civil rights）、一九世紀の参政権（political rights）、二〇世紀の社会権（social rights）――それに二一世紀の文化権（cultural rights）を付け加えることもできる――という、市民が享有しうる諸権利の拡張は、市民の間に、そうした諸権利を保障する国家の制度への信頼とそれを共有する他の市民との連帯感を醸成してきたと言える（Marshall 1992）。

ポスト・ナショナルな社会統合を展望する考え方は、ナショナルな感情に訴えるまでもなく、市民が共有する制度こそが、連帯への動機づけを涵養しうるという立場をとる。つまり、制度が、実効的に諸権利を保障しうるならば、市民はその制度を支持する動機づけをもちうると考える。

もちろん、保障されるべき権利をどのように解釈し、権利の内実をどのように規定するかは、それぞれの社会の政治文化に依存する（たとえばヘイト・スピーチに対する対応の違いにも見られるように、言論の自由をどう解釈するかは各国の政治文化によって異なる）。

ハーバーマスは、自らの権利を保障する制度への支持を、ナショナリズムから区別して、「憲法パトリオティズム」(Verfassungspatriotismus)と表現する(「憲法」は人権保障を核心とする普遍的に擁護されるべき価値を、「パトリオティズム」は、それをほかならぬこの国家において実現してきた制度への忠誠や愛着を表している)。彼によれば、人々が市民として――民族的、宗教的その他の違いに関わりなく――共有する制度は、普遍的な規範をそれぞれの具体的なコンテクストのもとで解釈する市民の民主的実践の積み重ねのうえに築かれてきたものである。

「憲法パトリオティズム」の構想に対しては、普遍性をもつ規範では、この国家に市民が寄せる忠誠や愛着を説明できないのではないか、あるいは、制度を媒介とする市民の連帯は抽象的なものにとどまり、市民が相互の生活条件を支えあう――そのために一定の負担をも受けいれる――ための十分な動機づけを涵養しえないのではないかといった批判が提起されてきた。言いかえれば、そうした連帯は「感情的な吸引力」に乏しく、水のように淡い動機づけしかもたらすことはできない、という批判である(Nussbaum 2013)。とはいえ、十分とされる強い動機づけを涵養するためには制度の外部にある特殊な紐帯に訴えるほかないということになれば、議論は、再びリベラル・ナショナリズムに近づくことになるだろう。

特殊な文化に訴えれば連帯へのより強い動機づけを得ることができる——かもしれない——が、それは多元的な価値観をもつ市民にとって抑圧的・排他的に作用し、逆に、普遍的な性格をもつ規範へのコミットメントに訴えれば十分な動機づけが得られなくなる。このディレンマを脱し、市民間の連帯を再構築し、維持していく十分な動機づけをどのように涵養していくことができるだろうか。

制度による権利保障の実効性——権利の「使用価値」の享受——によって連帯への動機づけを説明する「憲法パトリオティズム」の議論にとっては、権利保障とりわけ社会権の保障が後退しつつあるという見方が市民の間に広がることは大きな問題になる。

実際、実質所得の低下にともない暮らしが転落することへの不安と恐れが、連帯を導くどころか、社会に分断と排除を惹き起こしているのが現状である。第Ⅱ部および第Ⅲ部では、社会保障やデモクラシーの制度をどのように再編していけばそうした問題に対応していくことができるかを検討する。あらかじめ言えば、これらの制度が、それを支持する広範かつ十分な動機づけをもたらすことができるのは、制度がいかに自分たちの生活を支えているかについての理解を促し、一部の者のためにそれがあるのではないということが多くの市民に実感されるようアレンジされるときである。

†連帯の資源の形成

不平等が人々を分け隔てないようにするうえで政治社会の諸制度が果たす役割は大きいが、人々の関係は、もちろん、制度によってのみ規定されるわけではない。市民社会における――公的な制度によって媒介されない――相互行為（interaction）も、互いの関係のあり方をどのようなものにしていくかにとってきわめて重要である。制度の検討に移る前に、そのいくつかを例示しよう。

たとえば、被災地での生活再建を支援する持続的な活動が、「放置されてはいない」という他者への信頼をもたらすことはこの間よく知られるようになった。貧困の連鎖に歯止めをかけようとする学習支援や食料提供を仲介するフードバンクなどの活動も、階層間の隔離が進む社会にあって、人々の間に接点をつくりだしている。しかも、そうした活動は、すでに生じている問題への対処に終始するわけではなく、新たな問題発見を導き、それを他の市民に問いかけていくという役割を果たしている。

第二に、「新しい社会運動」の実践のなかで考案されてきたさまざまな仕組みも連帯の資源を生みだすルートである。念頭にあるのは、生産者と消費者を結ぶ産直、フェア・トレイド、そして学習と対話の機会を提供する自由学校などである。これらの仕組みは、合理的な利害（のみ）によるのとは別様の人々の結びつきをつくりだす。その関係は、何らかの問題関心の共有や価値観への共鳴を媒体として成り立っている。それらは、社会において支配的なものとして妥当している価値評価を相対化し、それを批判的に問い直す動きを生みだしている。

第三に、市民自身が、連帯の形成に資するような行動を評価し、逆にそれを損なうような行動を批判する価値評価を政治文化のうちに定着させていくこともまた重要なルートだろう。市場での企業、投資者、さらには消費者の行動についてもその「社会的責任」に言及されることが多くなってきたことは、単に合理的であるだけでなく理にかなった仕方での経済行動を評価しようとする動きを示している（他方、有力な企業や個人が、他者との連帯を自らの合理的な行動を制約する軛《くびき》とみなし、それから離脱するような仕方で振る舞うことに対する否定的な評価はまだ十分に定着しているとは思われない）。

このような相互行為による連帯形成のルートは制度的なルートを補完するものであり、それに取って代わるものではない。市民相互の関係は長期的に見れば何よりも制度によって規定されるものであり、市民がどのような制度を共有していくかが、互いの間に平等な関係を築けるかどうかを左右する。

＊

これまで、市民としての平等とは何か、市民が共有する制度の役割とは何かについて見てきた。本書が第Ⅱ部で考えるのは、市民の間に平等な関係を築くためには、どのような生活条件の保障が求められるか、という問いである。

ここでいう「生活条件」とは、生きていくための基本的な必要を充たしたり、各人が、政治参加を含め社会的協働に参加しつつ、それぞれの生き方を追求していくうえで不可欠の基盤となるものを指している。それには、物質的なものばかりでなく、知識や技能といった「人的資本」、あるいは協調したコミュニケーションを可能にする「社会関係資本」なども含まれる。

こうした生活条件の保障は、一般に「社会保障」（social security）という言葉で表現されてきた。本書でもこの表現に従うが、ただしその意味合いは、社会保険や社会扶助（生活保護）にかぎらず、雇用保障や教育機会の保障を含め、人々の生活条件に関わるすべての保障を指す広義のものである。

本書の関心は、社会保障一般について論じることではなく、市民の間に平等な関係を築き、維持することを可能にする生活条件の保障とは何かに限定される。

第Ⅱ部 社会保障と平等

ジョン・ロールズ　John Rawls

1 社会的・経済的不平等への対応

†社会保障についての一般的な考え方

近年、社会保障の建て直しについて論じられる際に「セイフティネット」という言葉がよく用いられる。この言葉は、社会保障の基本的役割が、労働市場から締め出された人々を各種の社会保険や生活保護などを通じて事後的に救済することにあるかのようなイメージを抱かせる。たしかに、セイフティネットをしっかりと（あまり低くない高さを保って）張ることは不可欠だし、しかもそれが強い弾力性をそなえ、再包摂（労働市場への復帰）に向けて人々を支援する機能を果たしうるとすれば、それは、社会的協働に参加しうる生活条件を各人に保障するという本書の関心から見ても望ましいことである。

しかし、事後的な救済をはかるセイフティネットは、不平等（格差）ではなく、もっぱら貧困への関心にもとづいている。というのも、その関心は、人々の生活が最低限とされるレベルを下回るところに落ち込むのを避けることにあるからである。この考え方では、社会的・経済的不平等が市民間の対等な関係に及ぼしている深い影響に対して十分には対応することができない。十分ではないというのは、それが深刻な不平等を所与とし、それがもたらす帰結に対してあくまで事後的に対処しようとするからである。

†不平等への関心

まず、J・ロールズとT・M・スキャンロンの議論を参考に、人々の間に存在する社会的・経済的不平等は、そもそもどのような点で問題なのかを整理してみよう（Rawls 2001, §39, Scanlon 2003a）。

(1) **貧窮からの解放**　第一に、裕福な生活を楽しむ人々がいる一方で貧窮に苦しむ人々がいるという「不平等」への関心が挙げられる。しかし、この関心は、貧窮が惹き起こすさまざまな剝脱に向けられており、不平等そのものへの関心ではない。その剝脱状況が緩和されれば、市民の間になおも存在しうる不平等には関心がいだかれにくくなる。

(2) **出発地点の平等**　第二に、人生の出発地点（starting place）における不平等に関心がもたれる場合がある。ある人が有利な地点（たとえば裕福な家庭）から出発できるのに対して、他の人はそうではないとすれば、彼らの間の競争は公正《フェア》であるとは言えない。この関心は、出発地点の平等化をはかることにあり、公正とみなされる競争プロセスの結果として生じる不平等にはない。出発点とプロセスが公正であると判断されるかぎり、結果として市民の間に生じる地位の不平等も正当化されることになる。

(3) **地位の平等**　第三に、ある人々が劣位の地位を占めざるをえないとき、劣位の者として扱われ、あるいは自らをそのように感じることを余儀なくさせるような地位の不平等への関心がある。この関心は、人々の関係における不平等が、劣位にたたされた人々の自尊を損なうことを不正とみなす。したがって、スティグマ化をともなうような市民間のヒエラルキーの形成を回避することがこの関心から導かれる目標になる。先に触れたロールズの言葉を用いれば、この関心は、すべての市民に「自尊の社会的基盤」の享受を可能にすることにある。

(4) **支配の回避**　第四に、一定以上の社会的・経済的不平等によってある人々が他の人々による支配（ないし抑圧）に曝《さら》されやすくなることへの関心が挙げられる。そうした不平等は、社会的・経済的な関係において搾取や差別などを惹き起こすだけではなく、しばしば、政治的な不平等に変換されがちである。その場合には、影響力の格差が権力の格差に反映され、市民の間で実質的な政治的平等が損なわれることになる。ロールズの言葉を用いれば、政治的自由の「公正な価値」(fair value) を損なうような不平等への関心である (Rawls 2001, §45)。

(5) 連帯の基盤の保持　最後に、不平等の拡大とその固定化は、ともに一つの社会を構成しており、共有される制度を通じて他の市民の自由や生活条件に責任を負っているという連帯の感覚を損なう。制度を介した連帯は、人々の分断が深まり、相互の生活条件への関心が希薄になれば維持しにくくなる。

近年、居住地の隔離——富裕層が自分たちの安全と資産価値の維持をはかるためその居住地を囲い込むこと——の現象が注目されているが、居住地だけではなく、教育、職業、結婚など生活のほぼあらゆる局面にわたって、不平等が人々の生活や生き方を分け隔てていくならば、市民は、ともに一つの社会に属しているという感覚をしだいに失っていくことが予想される。連帯の基盤を保持するという観点から見れば、不平等は、人々の間に距離をつくり、しかもそれを固定化していくところに問題がある。

†平等な関係のための保障

社会保障の目的が、たんにセイフティネットとしての役割を果たすだけでなく、市民が対等な足場を得て社会的協働に参加していくための生活条件を保障することにあるとすれば、いま挙げた第三、第四、第五の不平等への関心がとくに重要である。

第二の関心は、競争が公正に行われるための条件の平等化をはかろうとするが、競争の帰結が市民相互の立場をどのように変化させるかについては無頓着である(同じ出発点を得て同じように努力するとしても、ゲームへの適性や予期しえない運-不運によって競争は左右される)。それに対して、最後の三つの関心においては、市民が他の市民との関係にあって平等な立場を享受しうるか否か、互いの立場が自尊の毀損や支配の可能性を導くものでないかどうか、あるいはまた市民間の連帯の基盤を損なうものではないかどうかが重視される。

社会保障にとって重要なのは、資源の再分配を行うことそれ自体ではなく、分配された資源を基盤として(資源を用いて/資源によって)、市民がどのような立場を占めることができるか、そしてその立場が、彼らにどのような行為を可能にし、どのような行為を制約するかにある。市民の間に平等な関係が成立しているかどうかは、この視点から評価されるべきである。

誤解を避けるために言えば、生活条件を一律に平等化することが社会保障の目的ではない。その役割は、人々の関係におけるあらゆる不平等を廃棄することではなく――それは端的に言って不可能である――、生活条件における不平等が市民としての平等を損なわないようにすることにある。

ロールズの示す正義の第二原理も、社会的・経済的不平等が次のような条件を充たすかぎりでは不当ではないとしていることを確認しておきたい。「社会的および経済的な不平等は、その不平等が(a)最も不利な立場にある人々にとって最大の利益となるよう〔格差原理〕、かつ、(b)公正な機会の平等という条件のもとですべての人々にひらかれている公職や立場にともなうものとなるように〔公正な機会平等の原理〕、調整されるべきである」(Rawls 1999, §11)。ただし、社会的・経済的不平等が正当化されるのは、それがあらゆる市民に平等な自由を保障する第一原理が充たされるかぎりでのことであり、「深刻なdeep」あるいは「過度のexcessive」不平等がそうした平等な自由の享受の条件を損なうことにロールズが注意を促していることに留意したい(Rawls 1993, Introduction など)。

互いを平等な者として扱う（treatment as an equal）ために必要なのは等しい扱い（equal treatment）であるとはかぎらない（Dworkin 1978）。障碍等により、他の市民と同等のことをなすためにより多くの資源を必要とする人々（たとえば移動のために車いすや介助者を必要とする人々）は、かりにその資源が得られないとすれば、移動するという基本的な自由を享受することがかなわなくなる。市民を平等な者として扱うためには、財をどのように分配したかだけではなく、それを通じて、市民が他者との社会関係においてどのような立場を占めることができるかに注目する必要がある。

「だが、権利を分配するとは何を意味するのか。その答えとして、物質的なもの、資源、所得の分配を求める権利をもつことである、という説明があるかもしれない。しかし、その場合、分配されているのは財であって権利ではない。……権利を所有しうる物と解するのは豊かな考えではない。権利は関係であって物ではない。権利とは、互いの関係において人々が何をなしうるかを特定する制度的に規定されたルールである。権利とは、もつこと（having）よりもすること（doing）にかかわる。つまり、人々に行為を可能にしたりそれを制約する社会関係にかかわる。」（Young 1990, p. 25）

ヤングが述べるように、制度が関心を払うべきは、個々人が分配される財を所有することそれ自体ではなく、人々が互いとの関係においてどのような立場を占めることができるか、何をなすことができ、何をなすことができない立場にあるのか、である。先に触れた「運の平等主義」は、制度的な保障が人々が社会関係において占める立場に関わることを適切に把握していないように思われる。

†補償（compensation）と保障（security）

「運の平等主義」の考え方からすれば、社会保障は、「値しない不利」に対する補償、言いかえれば、各人の責任を問うことのできない不運に対する補償として行われることになる（逆に、各人の選択によって導かれた不運に対しては、その責任を問うことができるゆえに、補償は必要ないと考えられる。「運の平等主義」においては、補償されるべき"brute luck"［非選択的な運］とその必要がない"option luck"［選択的な運］が区別される）。

生活条件の保障が不運に対する補償という側面をもつことを否定する必要はない。実際、この補償という面においても現行の社会保障は不十分である。しかし、生活条件の保障はこうした補償に還元されるものではなく、人々が市民としての平等な立場を享受し、互いに対等な関係のなかで生きていくためのものである。すぐ後に見るように、補償を通じて市民間の対等な関係が損なわれる事態すら生じうる。

補償が個々に特定された「値しない不利」に向けられるのに対して、保障は、人々の間、市民の間に支配‐被支配の関係を招くような不利な条件を余儀なくされることがないように生活条件を整備するものである。制度による生活条件の保障は、その意味で、「支配に抗する保障」(security against domination) である。

2 社会的連帯とその理由

†社会的連帯

社会保障の制度を支持し、それを介して互いの生活条件を保障しようとする市民間の連帯を「社会的連帯」(social solidarity) という言葉で表現しよう。この意味での連帯を考えるとき、まず、誰が誰に対して生活保障の責任を負うのかという点が重要である。

社会保障の再建のために国民の再統合に訴える議論は、しばしば、人々は、見知らぬ他者ではなく家族に対してより重い責任を負うように、国民は、国民ではない者ではなく同胞たる国民(co-nationals)に対してより重い責任を負うのは当然であるという、受け入れられやすい直観に訴える。

私たちが、ある人々に対して他の人々よりもより重い責任を負うことがあるというのはたしかだが、まず、その理由を確認する必要がある。私たちが家族により重い責任を負うのは、家族という制度のもとで互いの生／生活に深い影響を及ぼしあう関係にあるからである。同様に、国民が同胞の国民により重い責任を負うのは、社会的協働を規制する諸制度を通じて、互いの生を左右しうる関係にあるからであり、固有とされる文化や伝統なるものを共有しているからではない。他者への責任の有無、そしてその程度は、私たちが他者との間にもつ(制度的および非制度的)関係によって、そしてその関係のあり方を決める過程に関与しうる立場にあるかどうかに依存している。

私たちは、国境の外部にいる人々とも一定の諸制度を共有しており、その制度を通じて互いの生活条件を現に規定し合っている(その意味で、私たちは国境の外部でも市民である)。

ポッゲが主張するように、WTOなどのグローバルな諸制度を通じて極度の貧困が惹き起こされているとすれば、そうした制度を通じた加害（「消極的義務」違反）に対して私たち（この場合富裕国の市民）は責任を負っている。

とはいえ、市民が共有する国内の制度はグローバルな制度以上の厚みをもっており、市民は、その制度を通じて、互いの生活条件をより深く規定し合う関係にある。資源の再分配に関わる社会保障制度はそうした主要な諸制度の一つである。私たちが、国内の社会保障制度を共有する他の市民により大きな政治的責任を負うのはそのためであり、ナショナル・アイデンティティを共有する「われわれ」の一員であるからではない（たとえば、定住外国人のなかには、そうしたアイデンティティを共有していないとしても、現に制度を共有している人々がいる）。

本書では、グローバルな制度を共有する――あるいはI・M・ヤングのいうグローバルな「構造的過程」を通じて影響を及ぼす――他者に対する政治的責任の問題には立ち入らず（Young 2011）、以下では国家の制度を共有する他の市民に対する責任を取り上げる。

†制度を媒介とする連帯――社会的連帯の理由

国内においても、社会的連帯は制度を媒介とするものである。この連帯は、「見知らぬ他者」との間に成立するものであり、顔の見える人称的なものではない（人称的な連帯の場合、誰かが誰かの世話になるという依存の関係が、誰かが誰かの意思のもとに置かれるという支配の関係に転化することもある）。しかし、この非人称の連帯は、制度を共有し、その影響を被っている他の市民が具体的にどのような生活条件のもとにあるかについての相互の関心なくしては成り立たない。制度とその運用がどのような効果を及ぼしているかを具体的に知ろうとする関係がなければ、制度を通じて深刻な窮状が惹き起こされているとしても、それが看過され、放置されるという「受動的な不正義」を避けることができなくなる。

市民は、他の市民が発する「不正義の感覚」にどう応じることができるかという問題については第Ⅲ部で考察するとして、ここでは、制度を媒介する非人称の連帯を（再）構築し、それを維持すべき市民にとっての理由とは何かについてまず考えてみたい。かりに、そうした理由が受容できるものではないとすれば、連帯の資源は制度の外部に求めざるをえなくなるかもしれない。

社会保障制度のもとでの相互の生活条件の保障は、再分配つまり資源の移転をともなうものである。社会的連帯にコミットする理由は、その意味で、個々の市民が自ら自身をも説得しうるものでなければならない。以下、五つの理由を取り上げて順次検討する（その難点にもあわせて言及する）。

†生の動員

第一の理由「生の動員（mobilization）」は、歴史的に見て、福祉国家（社会国家）を立ち上げ、戦間期から戦後にかけてそれを支持した主要な理由の一つである。「国力」（戦力・生産力等）を増強するためには、国家がその要素である国民一人ひとりの力を強化する必要があるとともに、そうした諸力を秩序にとって敵対的にならないように制御しながら、集合的な目標追求のために動員しなければならない。M・フーコーのいう「生権力」は、集合的生命／身体を増強するために、個々人の心身にはたらきかけ、またよりマクロな規模で人口（住民）の調整を行う権力を指していた（Foucault 1976）。歴史的に見れば、そうした必要から社会保障の制度化も進められてきたのである。

「生の動員」というこの理由は、集合的生命／身体の健康を害する、生産力を備えない、そして「国力」に負荷をかけるとみなされる人々の排除や周辺化をも正当化する。これは歴史上諸国家によって実際に用いられた理由と言ってよいが、けっして過去のものとなったわけではない。積極的に動員するに値しない生、少なくとも市民としての平等な立場を可能にする生活条件の保障に値しない生という観点は、いまなお社会保障のあり方に影を落としている。

†生のリスク

第二の理由「生のリスク（risk）」は、社会的連帯の必要を、個々人の観点から――「国力」という集合的な観点からではなく――説明する。個人が、病気や事故などのリスクに独力であるいは家族の力だけで対処することにはおのずと限界がある。社会保障は、そうした人生に起こりうる諸々のリスクに対処するコストを広く分散することを可能にする。実際、社会保険制度はそうしたリスクに対処するための制度であり、健康保険、労災保険、雇用保険、介護保険、年金保険の各制度はそれぞれ疾病、労災、失業、要介護、加齢というリスクに対応している（稼得能力の喪失という意味での加齢は、今日ではほとんどの人が経験するものであり、それを「リスク」と呼ぶことはもはや適切ではないが）。

生のリスクを理由とする連帯は、各人の合理的な利害計算が結果としてもたらすものであるが、逆に言えば、そこに大きなメリットがある。各人にとっての――実用的

(prudential) という点で——合理的な行動が相互の生を支えあうという理にかなった連帯を導くからである。

この連帯は、リスクが人々の間にランダムに生じることを想定してきたが、近年、リスクの偏在に対する認知可能性が増大してきたことは、たとえば遺伝子検査の普及にも見られるとおりである。もし自分が何らかのリスクを免れているという認識が得られるなら、人々は、リスクが重いとみなされる人々と社会保険の制度を共有することを合理的であるとは考えなくなるかもしれない。

また、この理由は、各人の合理的な利害計算に訴えるものである以上、「出したものが返ってこないのではないか」あるいは「割に合わない」という意識が制度への不信を引き起こすと、社会的連帯は早晩崩れていくことになろう（そうした事態を招かないためには、政府は、社会保険制度が保険料を拠出する個人の観点から見て合理的であることを何としても保証しなければならない。しかし、国民年金保険料の未納率は約四割に達しており〔二〇一四年度〕、深刻な問題となっている）。

†生の偶然性

第三の理由は「生の偶然性（contingency）」である。私たちの生は、どのような才能をもって生まれたか、どのような家庭に育ったかなど、各人には制御しえない偶然の諸要因によってすでに規定されている。この理由は、恵まれた生の条件をたまたま得ている者からそうでない者への「補償」として、社会保障制度における資源の移転を説明する。如何ともなしがたい諸事情ゆえに不利を強いられるのは不正であるという考え方がその背景にある（先述の「運の平等主義」もこの考え方をとる）。

自ら選択した事柄には当の個人が責任を負い、その個人に帰責できない事柄には社会が責任を負うというこの考え方は、私たちの直観にも適っている。しかし、選択と偶然を厳密に分けようとする場合には、大きく見て次の二つの問題が生じる。一つは、自分自身の選択によって不利を招いた場合、その選択に対しては自己責任が問われるため、補償の対象から外れることになる、という先に言及した問題である。

もう一つの問題は、この考え方は、スティグマ化をともなう優劣の関係を市民の間に生じさせるということにある。何らかの偶然ゆえに不利を被っている人々の境遇を改善するためには、個々人の境遇に関するデータを集める必要が出てくる。たとえば、失業率が低く雇用機会が十分にあるにもかかわらず、失業している健康なひとがいたとして、彼が何らかの給付を受けるためには、自分の失業の原因が自分の能力の低さ——正確にはその能力/スキルが労働市場における需要に適合していないこと——にあることを示さなくてはならない。この場合、かりに福祉サービスが得られたとしても、自分が他と対等な市民であるという自尊の感情を抱くことは困難になるだろう(Anderson 1999)。

そして、偶然と選択を分ける境界について明確な線引きを行うことは、厳密に言えば不可能でもある。個人の選択を左右する諸要因(選択状況が公正であるかどうかという客観的要因に加えて意欲=やる気という主観的要因)も偶然性によって規定されている面があるからである。先に見た「努力」をめぐるロールズの議論が示すように、どこまでがその人の責任を問いうる事柄かを特定するのは不可能である。

付言すれば、近年、偶然が選択へと書き換えられる傾向が顕著になってきている。たとえば、出生前診断の普及は選択的中絶をより容易にしている。そのことによって、重度の障碍をもつと見られる子どもをあえて産むことは、親自身による選択とみなされ、その選択について自己責任が問われるようになる事態さえ考えられなくはない。

†生の脆弱性

第四の理由は、「生の脆弱性（vulnerability）」への対応である。私たちは、誰もが他者に依存することなしにはその生を保ちがたい、脆弱な存在者である。この脆弱性は生・育・老・病・死という生の諸局面において顕在化する。E・F・キテイが述べるように、自立性ではなく非自立性こそが私たちの生のデフォルト（基本設定）と見ることもできるだろう（Kittay 1999）。

生の脆弱性ゆえに他者への依存が避けられない局面があるとすれば、まずは、その依存が他者との関係において支配－被支配を導かないようにすることが必要である。社会保障の制度は、この観点から見れば、特定の他者の意思への依存を回避することを人々に可能にさせる仕組みである。また、それは、依存に対応する活動（ケア活動）をおこなう人々自身が、他者の意思に依存することを回避させる（ケアに専念せざるをえない人が生計の資を稼ぐ人に依存する事態は「二次的依存」と呼ばれる）。

他者への依存はしばしば他者の意思への依存をも導くとすれば、市民間の対等な関係は損なわれる。依存への対応を社会が制度を通じて支援することは、支配－被支配の関係が市民の間に生まれるのを阻止するうえで、不可欠である。

†生の複数性

第五の理由は、「生の複数性（plurality）」である。人々はそれぞれ異なっており、しかも異なったようにあろうとする。社会保障の制度は、各人による多様な生き方を促す生活条件を用意することができる。食うや食わずの場合はもとより、生の見通しをもつことができないような境遇にある場合にも、人々の生き方は多様性を失い、画一化していく。希望をもてない生活条件に順応するなかで、願望や欲求そのものが萎縮してしまうからである。人々がそれぞれ生まれながらの異なった才能を発揮し、それらの間に相補的な関係が成立するときにはじめて多様性にとむ豊かな社会をもつことができる（Rawls 2001, §21）。多様な生き方が促されることによって、自分では実現しがたい価値を享受しうる関係が他者との間に生まれることは、相互の協働を豊かなものにしていく条件の一つである。

社会保障は、この点では、日々生き延びることへの関心にとらわれざるをえないような状態から人々を解放し、自らの「善の構想」を追求するという（人格的）自律の享受を可能にするための制度である。生活条件の保障が十全なものであれば、それは、個々人による新たな企てを鼓舞することもできる。そのことを通じて、いまの社会において現に通用している価値評価の基準を相対化し、それをより多元化していく展望もひらかれるかもしれない。

†四つの理由について

「生の動員」を除く四つの理由——「生のリスク」「生の偶然性」「生の脆弱性」「生の複数性」——はいずれも、生きていくために人々が他者の意思に依存せざるをえない状態に陥るのを避け、市民の間に平等な関係を保つことを重視している。他者に依存しながらも、その意思に服することを強いられない自律が可能となるのは、依存とそれへの対応が人々の間に支配‐被支配を生みださないようにする制度化された保障が確立されているときである。社会保障制度は、他の諸制度——たとえば経済的格差の政治的格差への変換を抑制するために政治資金を規制する制度など——とともに、生活条件における不平等が市民間の対等な関係を損なわないよう、その不平等を規制するという役割を担っている。

支配を最小化するという意味での自律を保障することは、公共的な空間における対等な市民としての処遇を可能にする条件であるだけではない。それは、人々が、具体的な他者との関係において、生き方をあれこれと指図されることなく、自らの生を生きていくためにも欠かせない条件である。親密圏や職場などでの関係はしばしば支配－被支配の色合いを濃くし、自律的な生き方を阻むような桎梏《しっこく》となることもある。社会保障の制度は、そうした関係から退出できる途を用意することを通じて、人々が具体的な関係のなかで声を呑み込まずにすむ条件をもたらすことができる。言いかえれば、それは、人々が他者との関係を支配のないものとして保ち、その関係が、それぞれの生き方を可能にしていく役割を果たすことができるのである。

3 自律の保障

†他者への依存／他者の意思への依存

他者に依存することは、いわゆる「自立」との関係において否定的に評価されてきた。社会保障についても、それにかかるコストを削減しようとする関心から、また国家官僚制の肥大化を避けようとする関心から、人々を極力自立した状態におくべきであると語られてきた。もし「自立」という言葉が他者によって自分の生き方をあれこれ指図されないような生活条件を指すとすれば、「自立」を促していくことはたしかに社会保障の役割であろう。しかし、「自立」が「他に依存しない」状態を指す――一般にはこの意味で用いられている――とすれば、他者に依存して生きる状態は否定的に描かれることになる。

しかし、他者に依存して生きることそれ自体は避けられるべき事柄ではなく、むしろすべての生にとって基本状況とも言うべき事柄である。重要なのは、「他者に依存すること」と「他者の意思に依存すること」とを区別し、他者への依存がその意思への依存を導くことがないように、依存とそれに応える関係を社会的に制度化することである（第Ⅰ部でも言及したように、自分が制御できない他者の意思に依存する状態は「支配 domination」とみなされる）。

後期高齢者の多くあるいは重度障碍者や難病者などの場合は、社会保障の役割を「自立」の促進として描くことは明らかに不適切である。それは、人々が「自立」を達成できない条件のもとでも、したがって、他者に多かれ少なかれ依存する生活条件のもとでも、他者の意思への依存を回避し、「自律」を享受することができるように機能するものでなければならない。言いかえれば、私たちの生において依存関係が避けられないからこそ

「自律」が価値をもつのである。

†自立（independence）と自律（autonomy）

社会保障は、各人に市民としての平等な立場を保障し、「自律」つまり特定の他者の意思に依存せずに生きることを可能にするための制度である。それは、他者の意思のもとにおかれること（潜在的な被支配の状態）に市民が抗していくための安全保障なのである。

しかしながら、「自律」はしばしば「自立」と混同され、自ら自身の就労を通じて自らの生活基盤を構築することと考えられてきた。就労による経済的自立を求めることは、見田宗介が的確に描くように、社会保障（福祉）は、労働する機会／能力のない人々を事後的に保護・救済するための従属的・補完的なシステムであり、基本的なシステムは、あくまでも、各人が市場における労働によって自ら（と家族の）生計を立てることであるという考え方と結びついてきた。

「「福祉」という、現代の「豊かな国々」のシステムが対象とする人びとは、労働する機会のない人びとと、労働する能力のない人びとである。後者には、疾病者、心身障害者、児童と高齢者がふくまれる（医療福祉、障害者福祉、児童福祉、高齢者福祉。）〈労働する機会のないもの〉と〈労働する能力のないもの〉という実際上の対象規定は、現代の社会のシステムの原理上の欠落を補充するものとして、完璧に論理的である。「必要」を「需要」に翻訳するパラメーターは貨幣を所有することであるが、（特別な資産を保有するのでない限り、）労働する機会か能力の欠如は、この翻訳するパラメーターの欠如にほかならないからである。……この社会の原理的なシステムによっていったんは外部化され「排出」された矛盾の、第二次的な「手当て」であり「救済」であるという構造は、この「福祉」という領域を、基本的に傷つけられやすいvulnerableものとしている。危機の局面にはいつも、「削減」や「節約」や「肩代わり」や「自己負担」や「合理化」の対象として議論の俎上にのせられるものとしている。〈福祉〉welfareというコンセプトが、（その原的な目的性においてではなく、）システムの矛盾を補欠するものとして、消極的な定義をしかうけていないからである。」（見田 一九九六、一一二―一一四頁）

労働する能力と機会をもちうる自立的主体が、自らの労働によって自身の生活を構築することが社会的協働の核心を形づくっているという理解は、今日においても強固である。

しかし、この理解は、労働する機会にアクセスすることができない人々の増大、その機会を得ても生計が成り立つ所得を得られない人々が増大している現実に見合うものではなくなっている。「就労自立」という規範をどのように見直していけばよいだろうか。

†就労自立という規範

「就労自立」という規範は、政府が各種の経済政策によって雇用の機会をつくりだし、それでも労働市場から排除される者を、社会保険や社会扶助によって救済するという、いわゆる「ケインズ－ベヴァリッジ」型のシステムとして先進諸国に定着してきた（J・M・ケインズは完全雇用に向けた経済政策の発動を求め、W・H・ベヴァリッジは社会保険制度にもとづく「ナショナル・ミニマム」を提言した）。この考え方は、いまも、ワークフェアや積極的労働政策のアプローチに引き継がれている。しかし、就労自立を基本とするこの考え方は、経験的観点から見ても規範的観点から見ても深刻な行き詰まりを見せている。

まず、経験的な観点から問題を考察しよう。第一に、雇用の機会それ自体が日本を含む先進諸国では減少しつつある。これは、グローバル化にともなう生産拠点の海外移転および機械（人工知能を含む）による労働代替の昂進に起因しており、こうした環境にあっては、技能の習得が就労に結びつく保証はない。労働市場を流動化することによって、低生産性部門から高生産性部門への人々の移動を促そうとしても、後者は、半ば定義上、多くの労働力を吸収するものではなくなっている。

第二に、非正規雇用の割合の増大が示すように、かりに就労の機会にアクセスしえたとしても、その就労は、人々に生活保障の十全な構築を約束するものではなくなっている。産業構造が変わり、サービス産業化が昂進するなかでの不安定な就労は、いわば「包摂されながら排除される」(J・ヤング)という逆説的な状態、つまり、雇用されているということが逆に生活の中長期的な基盤を損なっていくような状態をもたらしている。

第三に、各種の社会保険制度は、正規雇用を前提として編成されており、雇用からの排除や非正規化は、この制度へのアクセスそのものを困難にしている(この間、非正規化が進んできたのは企業が社会保険料負担を回避する行動をとってきたためでもある)。社会保険にカバーされる職に就けない人々、あるいは自らの所得では保険料を支払えない人々は、当然この制度から締め出されることになる。

こうした条件のもとで、就労自立を促そうとしても限界に直面せざるをえないのは明らかである。再教育や職業訓練等を拡充することを通じて「就労可能性」をいくら高めても、それは安定した就労には必ずしも結びつかず、「回転ドア」現象とも呼ばれるように労働市場への復帰が一時的なものにとどまることも多い。

次いで、規範的な観点から問題をとらえてみよう。

第一に、就労自立の考え方は、自らの労働によって経済的に自立できる人々を高く評価する一方で、そうでない人々を劣ったものとみなしてきた（このことはたとえば「生産力人口」と「従属人口」というかつての用語法にもうかがえる）。この考え方は、労働と生産性という軸に沿った「生の序列化」（山森 二〇〇九）を導くが、それは、市民の間に対等な関係を築こうとする考え方とは相容れない。

第二に、その場合の就労は、労働市場での雇用を範型とするものであり、ケアワークなど生命の維持・再生産にかかわる活動は従属的なものとみなされてきたし、物やサービスを直接生みだすのではないさまざまな活動も社会にとって有意義なものとしては評価されてこなかった。労働を中心とする価値基準は、社会それ自体の存続にとって不可欠ではありながらも生産的ではないとみなされる活動を劣ったものとして評価してきたのである。

第三に、就労自立の規範は、労働する能力／機会をもたない人々に対する（逆向きの）ルサンチマンを惹き起こしてきた。しかも、そうした負の感情は、しばしば政治的にも動員されやすく、労働によらずに生活する人々を劣位の者とみる表象を強化してきた。

このように、今日の社会は、就労自立とそれを通じた生活保障の構築を依然として人々に求めながらも、安定した就労の機会を提供することができずにいる。それだけではなく、この規範は、市民の間に対等な関係を築いていくのとは逆方向に作用し、「二級市民」として扱われる人々を生みだしている。この規範を少なくとも相対化していくために、人々の社会的協働をどうとらえ直していけばよいだろうか。

†社会的協働における労働

労働は、ほとんどの人にとって社会的協働に加わる主要な活動様式として受けとめられており、まずはこの事実を踏まえておく必要があるだろう。

第一に、自らの労働を通じて社会的協働に参加することは、通常、「自己評価」(self-esteem)の基盤となっている。就労の機会から長期的に締め出されることは、たんに自らの手で生活保障を構築する機会の喪失を招くだけではなく、自らが社会にとって必要な存在なのかどうかという——自らのいわば存在意義に対する——疑念をも惹き起こす。そして、そうした「余計者かもしれない」という感覚は、社会のなかで周辺化された、孤独な境遇にあってはより痛切なものとなるだろう。

自己評価を、労働とその成果に対する評価に結びつけることにはよほど慎重でなければならないが、社会的協働に対して何らかの活動を通じて貢献することが人々の自己評価にとってほとんど不可欠な要素であることは否定しがたい。

第二に、自らの労働を通じて社会的協働に参加することは、その協働に「ただ乗り」せず、それが求める応分の負担を引き受けるという（相互貢献という狭い意味での）「相互性」の規範によっても要請される。ロールズが、労働する能力をもつすべての市民が社会的協働にその労働を通じて参加することを強く求め、政府や社会に対して「最後の雇用主」として振る舞い、就労の機会をすべての市民に提供することを要請するのも、この「相互性」の規範を維持するためである（Rawls 1993, Introduction）。

就労自立の規範の脱中心化は、人々が社会から排除ないし周辺化されるのではなく、社会的協働にコミットしているという「自己評価」の基盤を損なわずに、しかも誰かが誰かの犠牲になっているのではないという公平性の感覚を維持する方向で展望していく必要がある。

†社会的協働の異なった構想

すでに述べたように、すべての市民に就労の機会をひらくことは、今日の条件のもとでは困難である。安定した就労の機会をもつことができるかどうかは個人が制御しうる事柄ではなく、グローバル化した産業構造や賃金構造によって左右されている。

いわゆる積極的労働政策（activation）――リカレント教育の整備、職業訓練プログラムの拡充、個々の実情に応じた職業紹介等のサービス、キャリア・ラダー（仕事を技能に応じた複数の職階に分け、専門性と賃金を高める梯子をかけること）の導入等――によって就労機会へのアクセスを阻んでいる具体的な障害を取り除いていくことはもちろん大切である。しかし、この政策にしても就労の機会を保障することができないのは、それが個々人に帰せられる問題ではないからである。

実際、近年の社会保障論においても、就労機会の減少という条件を真剣に受けとめ、「完全雇用社会」（full employment society）に代わる「完全従事社会」（full engagement society）という構想が示されている（Williams 2007; 福士 二〇〇九）。これは、労働市場の外部で行われる多様な社会的活動、つまり、ケア提供（育児・介護・介助）やボランティア活動、NPOや社会的企業等での仕事、あるいは時間をかけて（再）教育や（再）訓練を積むことなどを、人々が社会的協働に参加する活動様式の一部としてとらえ直していく――つまり、労働だけを社会的協働を構成する唯一の活動様式とみなすのではない――方向性に沿ったものである。

「完全従事社会」と呼ぶかどうかは措くとして、AI（人工知能）による労働代替がこの先進んでいくことが確実に予想されるなかで、労働に限定されない活動の機会を社会がどのようにひらいていくかに関心を向けようとする点で、この構想は、有益な示唆を与えてくれる。

この構想は、第一に、ホネットのいう「業績」を評価する基準の変更を含んでいる。それによれば、たんに市場での需要の対象となるものを生産するだけではなく、人々が現に必要としながらも、市場では提供されにくいサービスや作品を提供すること、また、短期的な有用性ではない視点から見た人的資本、社会関係資本等の資本形成も社会にとって有意義な活動とみなされることになる。

第二に、この構想は、「相互性」規範に対する一定の修正をともなっている。それは、「相互性」の相互貢献の面を強調して、人々を労働市場での（再）雇用に向けて動員するのではなく、各人にとってそれぞれ可能な条件のもとで社会的協働に参加することを促す。社会的協働は、対称的な相互性を人々に求める必要はない。修正された相互性の観念は、就労自立をすべての人に一律に求めるのではなく、各人の生をすでに規定しているさまざまな偶然性により配慮する（そうした偶然性には、才能や心身の条件が現行の価値評価基準とどれだけ適合しているか、これまでどのような資本形成の機会にアクセスすることができてきたのか、従来いかなる職種に就くことができてきたか等々が含まれる）。

フルタイムの就労の機会をすべての市民にひらくことができない――したがってすべての市民が雇用のみを通じて十全な所得を得ることはできない――とすれば、労働の形態を多様なものにしていくとともに、それぞれの働き方に見合った、硬直的ではない生活条件の保障を構想していく必要がある（宮本 二〇〇九）。つまり、正規雇用と非正規雇用の二分法の枠組みを維持するのではなく、それぞれの生き方やライフスタイルを反映する多様な働き方があることを肯定したうえで、たとえば「補完型所得保障」（労働所得と公的な所得保障の組み合わせ）を制度化することによって、仕事や活動から得られる所得が十分ではない人々の生活条件を保障することはそうした方向性に沿っている（「補完型所得保障」の具体的制度としては児童手当や住宅手当のほか「給付型税額控除」がある）。

そして、社会的協働への貢献を労働に限定せず、多様な仕事や活動を含むものとして幅広くとらえ、そうした仕事や活動を公的に支援していくことも大切である。財を生産する活動だけが社会的協働への貢献ではない。コミュニティの維持や再生のための活動、排除や周辺化を防ぎ人々を社会につなぎとめようとする活動、さらには、国外で貧困に対処するための活動など、現に多くの人々が携わっているさまざまな活動を正当に評価し、それに従事する人々が安定した生活条件が得られるようにすることも社会保障の果たすべき役割である。

†社会保障の再編――事前の支援

社会保障は、社会的協働からいったん排除された人々を再び包摂するというよりもむしろ、人々がそもそも社会的協働から排除されにくいようにする生活条件を構築・維持していく方向で再編される必要があるだろう。この点に関しては、セイフティネットの考え方が社会保障について考える視点を過剰に規定してきた。社会保障の制度は、事後的な保護や救済を行う制度、あるいは同じことだが、労働市場を補完する従属的な制度という観点から理解されてきた。

セイフティネットを用いた事後的な救済は、たしかに、貧困の問題には対処しうる。それは、社会的協働から排除された人々にそれでもまともな生活をおくることのできる条件を保障しようとするからである。しかし、それは、第Ⅱ部の初めで見た不平等の問題に対しては有効に対処することはできない。というのも、それは、人々がそもそも社会的協働に参加する際の有利‐不利の違いに真剣な関心を払わないからである。不利な条件のもとで参加を余儀なくされる人々は、他者との競争にあってより排除されやすい立場にたたされざるをえない。貧困の問題のみならず、不平等の問題にも対処しようとするならば、社会保障の制度は、不平等がもたらす影響に事後的に対処するだけではなく、それに前もって対応する必要があるだろう。

†不平等の再生産

社会的・経済的不平等に社会保障というルートを通じてどのように対処しうるかについては、「財産所有のデモクラシー」(property owning democracy)に関するロールズの議論が有益な示唆を与えてくれる(Rawls 2001, §41, 42)。

ロールズは、既存の福祉国家に、資源の保有における深刻な不平等を許容しながら、最低限度の保障を事後的に提供することにとどまっている、という根本的な難点を見出す。彼が指摘するように、既存の福祉国家は、人々が（人生の早い時期に）いだくことのできる「生の見通し」(prospect of life) にすでに大きな格差があることには手を触れない。それは、社会的協働に参加するための確かな足場をもつことができず、それゆえ予め排除されやすい人々が存在することを許容してしまっている。そのような格差を許容するために、自己尊重の社会的基盤が損なわれ、慢性的に社会保障に依存するような社会層が再生産される、という悪循環がつくりだされてきた。

ロールズによれば、既存の福祉国家においては「社会的・経済的不平等を規制すべき相互性の原理」がはたらいていない。それは、セイフティネットを張ることによって貧困からの救済を可能にするとしても、不平等が人々の生活とその展望に及ぼす効果を真剣には受けとめていない。ロールズが重視する不平等は「生の見通し」におけるそれであり、不利な条件のもとにおかれるがゆえに展望を自ら閉ざす――たとえば学業の継続を断念する――ことを余儀なくされるような事態こそが問題なのである。

貧困が貧困を、不平等が不平等を再生産する悪循環を断ち切っていくためには、社会保障は、事後的な保護に終始するのではなく、事前に資源（生産手段）を広く分散することによって、すべての人々が将来への希望を断念することなく社会的協働に参加しうる条件をつくりだしていかなければならない。

†「財産所有のデモクラシー」の構想

ロールズの構想する「財産所有のデモクラシー」は、社会的・経済的不平等を規制し、広義の生産手段を広く分散する――教育機会へのアクセスを広範にひらくことを含む――ことによって、それが一部の人々の手に集中するのを避ける分配/再分配の制度を指している。

「財産所有のデモクラシーは、これ〔一部の階層による生産手段の独占〕を回避するが、それはいわば各期の終わりに、さほどもたざる人々に所得を再分配することによってではなく、むしろ各期のはじめに、生産用資産と人的資本（つまり教育と訓練された技能）の広く行き渡った所有を確保すること、しかも、これらすべてを公正な機会の平等を背景にして確保することによってである。その狙いは、ただたんに不測の事故や不運のために敗北した人々を手助けすることではなく（手助けしなければならないのではあるが）、むしろ、適正な程度の社会的・経済的平等を足場にして、自分自身のことは自分で何とかできる立場にすべての市民をおくということである。……財産所有のデモクラシーにおいては、自由で平等な者とみなされる市民間の公正な協働システムとしての社会という観念を基本的な制度において実現することが目標である。これを行うためには、基本的な制度は、最初から、市民たちが対等な足場で十全に協働する社会構成員であるために十分な生産手段を広く市民たちの手に握らせなければならないのであり、それを少数の人々だけのものにしてしまってはならない。こうした手段には物的資本と並んで人的資本も含まれる。つまり、知識と諸制度の理解、教育を受けた諸能力、そして訓練された技能である。」(Rawls 2001, pp. 139–140〔二四八 - 二四九頁〕、訳文は一部変更した)

福祉国家を擁護してきた思想の根底にある問題を指摘するロールズの議論には、今後の社会保障のあり方を考えるうえで貴重な示唆が含まれている。

第一に、社会保障は、たんに事後的な保護(protection)に終始してはならず、人々が「生の見通し」をひらき、それを広げていくことに資するような、事前の促進(promotion)でなければならない、ということである。子どもたちが、貧困ゆえに人生の展望を早くから閉じざるをえないような状況もすでに生じているだけに、不利の世代間連鎖を断ち切ろうとするこの考え方は重要である。

第二に、資源の分散をはかり、社会的協働に参加しうる条件を保障することは、隔離や分断を回避する社会統合という観点から見ても重要である。社会的協働から排除され、事後的な保護に依存せざるをえない事態は、人々の自尊の感情を損ないやすいだけではなく、そうした人々に対する他の市民のルサンチマンを惹き起こしやすい。社会的協働への広範な参加を促すことができれば、「怠惰な人々のための福祉」という否定的なイメージを払拭していくことにも役立つ。

第三に、このような事前の促進は、労働市場からいったん排除された人々を主な対象とする積極的労働政策とも異なる。それは、短期的視点からみて有用なスキルの習得ではなく、生涯を通じて各人のたしかな資産（拠り所）となるような人的資本の形成を促すものである。現代の社会においてその核心となるのは何よりもまず教育機会へのアクセスの保障である（「知識社会」化の趨勢を考えれば、高等教育を含む教育機会へのアクセスを無償ないしは低コストで保障することはとくに重要になる）。

「財産所有のデモクラシー」の構想は、ロールズ自身の言葉でいえば、「民主的な平等」

（democratic equality）の考えにもとづくものであり（Rawls 1999, §13）、たんに各世代に公正な競争条件を用意しようとする出発地点の平等化にとどまるものではない。それは、人々が「生涯を通じて」社会的協働から排除されないための生活条件を確保しようとする。

†世代を超える社会的協働

本書では、社会的協働という言葉を、人々が互いの活動（労働を含むがそれだけではない）を通じて結びつき、それによって生みだされる利益やそれを維持する負担を分配する関係を指すものとして用いてきた。この意味での社会的協働は、時間的に見て現世代に閉じるものでもないし、空間的に見て国境の内部に閉じるものでもないことに目をとめておきたい。

まず時間軸について見れば、社会的協働は現世代を超えて諸世代に渡るものであり、どの世代も、過去の諸世代がもたらしてくれた恩恵を享受するとともに、それが残した負の遺産を引き受けざるをえない。

人々が互いに支配‐被支配の関係に立つべきではないように、諸世代もそのような関係に立つべきではない。とすれば、現世代が、将来世代が被りうる不利益を顧みることなく自分たちの利益のみを追求すること（現世代が自らを優先する「時間選好」）は、世代間の正義に反している。どの世代も時間軸上における自分たちの立場を特権化することを正当化できないからである。他者に不当な危害を与えてはならないという「消極的義務」は、空間軸においてのみならず時間軸においても妥当する。

社会的協働によって生みだされる富を将来世代のためにどれだけ貯蓄（自然資源の節約を含む）すべきかという問題は措くとして（この点についてはロールズの「貯蓄原理」をめぐる議論を参照［Rawls 2001, §49］）、少なくとも、重大なリスクなど「負の貯蓄」を将来世代にのこすことを避けなければならないのは明らかである。

長期的に見れば、温暖化ガスの排出を主因とする気候変動、核エネルギーの利用による高レベル放射性廃棄物の蓄積、生物多様性を損なう生態系の破壊などは明らかに「負の貯蓄」に当たるし、より短期的に（日本の社会について）見れば、財政赤字の累積も将来世代にとって明らかな「負の貯蓄」である。社会的協働を時間軸でとらえれば、現世代はその負荷を後続世代に不当にシフトしていると見るほかはない。

現在の政治過程には将来の潜在的市民は不在であり、この不在が、現世代の自己特権化を惹き起こしやすくしている。資源の分配を現世代の観点からのみ考えることが道徳的に正当化できないとすれば、現世代は、後続世代がそれを受容できるか否かという観点に立って、自らの合理的な行動を制御する必要がある。

現在の政治過程において将来世代自身の「意思」（willing）を代表することはもちろんできないが、自らがその立場にたった場合に当の問題についてどのように考えるかというその「推論」（reasoning）を代表することは可能である（将来世代は私たちと同様の推論を行うと仮定して）。将来世代の観点に仮設的に立った場合に受容しがたい負の財を遺していくとすれば、現世代は将来世代との間に支配－被支配の関係をつくりだすことになる。

†国境を越える社会的協働

相互の活動を通じて利益や負担を分配しあう社会的協働はかなり前から一国単位に閉じるものではなくなり、グローバルな相互依存は日に日に深まりつつある。実際に、経済的な面での協働のあり方を規制するグローバルな制度的秩序（WTOやTRIPSなど）もすでに存在している。

そうした制度を通じて深刻な貧困が生みだされているとすれば（貧困に起因する死者は毎年一八〇〇万人に及ぶと見られている）、ポッゲが述べるように、そうした現行の制度のもとで受益している人々は、制度を介して惹き起こしている危害に責任を負っている(Pogge 2002)。私たちは、少なくとも他者に危害を与えないという「消極的義務」を負っており、このいわば最低限の義務にすら反しているとすれば、人々を極度の困窮から救うとともに、それを惹き起こしている現行の制度を是正すべき責任を免れない。

ポッゲらの試算によればグローバルな貧困の解決に要するコストは富裕諸国の総生産の一パーセント程度である。過大な負荷(undue burden)をおうことなく対処しうる不正義(人権の欠損)を放置するとすれば、他を顧みず内部を最適化する行動は、道徳的に要求される条件をクリアしているとは言いがたい。

もっとも、グローバルな社会的協働と国内の社会的協働とは異なってもいる。人権の欠損が生じないようにする義務はグローバルに妥当するが、たんに深刻な貧困を回避するだけではなく、社会的・経済的不平等をも規制し、平等な地位をすべての市民に保障し合う責任は国内の社会的協働についてより強く妥当する。市民は、国内の社会的協働については、そのあり方を決めることができる制度的に保障された立場を現に占めているからである。

ロールズは、人々を有利と不利に分け隔てるのではない社会的協働のあり方を指して

「共同の企て」(joint venture) と表現したが (Rawls 1999, §1)、それは、市民が、そうした協働を、自ら自身の力でつくりだしていくことができる立場にあるからである (ロールズ自身はその協働が国内に完結するものと考えたが、協働を規制する制度は一国に閉じてはいない)。

4 福祉国家の諸問題

前節では、社会保障の制度が事後的な救済にとどまるべきではなく、人々が社会的協働に参加していく際に対等な足場に立つための事前の支援という役割を担っていることを見てきた。ここでは、そのような役割を果たす社会保障が、何を、どのように、そしていかなる制度を通じて保障すべきかについて考える。それは国家による再分配のあり方を検討することでもあるが、その議論に入る前に、再分配から区別される当初分配について触れておきたい。

†当初分配の軽視

再分配（re-distribution）、つまり国家の制度を通じた資源の分配が公正なものであるかどうかについてはこれまでもよく論じられてきた。再分配は、納税や社会保険料の拠出等による強制的な資源の移転をともなうがゆえに、この問題についての市民の関心は比較的高い。

しかし、国家による再分配以前の市場による当初分配——〝re-distribution〟から区別するために〝pre-distribution〟と呼ばれることもある——が公正かどうかについて市民が寄せる関心はさほど高いとは言えない。というのも、当初分配はもっぱら市場を通じた所得の分配として行われるものと考えられており、それゆえ、人為的なものではなく自然なものとみなされがちだからである。L・マーフィとT・ネーゲルは、当初分配を自明なものとみなす思考習慣を「日々のリバタリアニズム」（〝everyday〟 libertarianism）と呼んで批判しているが（Murphy and Nagel 2002）、当初分配を規定する市場それ自体も諸々の制度や慣行によって規制されており、けっして自然なものではない。たとえば、年間所定内労働時間を上限まで働いても生計が成り立つ所得を得られないとすれば、それは最低賃金規制等の制度が不十分なことによって惹き起こされていると考えられる。

国家を通じた再分配は、いったん自分の懐に入ったものをあらためて（不特定の）他者に渡すものであり、これは心理的に見て抵抗感をともなうものかもしれない。これに対して、市場を通じた所得分配には、それがいかに甚大な格差をともなうとしても（経営者と一般の被雇用者の所得格差は数百倍に及ぶ場合すらある）、さほどの抵抗感は抱かれていない。人々の関心は、もっぱら自分と同類のカテゴリー内での水平的な比較に向けられがちであり、自分よりもはるか上位にいる人々に対しては想像上の自己同一化すら行われることも稀ではないからであろう。

当初分配についてもう少し具体的に説明しよう。企業の収益（生産された付加価値）は、通常、内部留保、株主への配当、経営者への報酬、被雇用者への報酬（給与・賞与・福利厚生費等）の四つに分けられる。収益全体に占める被雇用者（労働者）への報酬の割合は「労働分配率」と呼ばれる。近年の日本では、企業が内部留保を増やし、人件費を抑える傾向がつづいており、労働分配率は低迷している。不況を脱して企業の収益が増えても労働分配率は抑えられたままである。労働分配率の「適正化」を求める動きもないわけではないが、国際競争力の確保という理由から内部留保や株主への配当が重視される一方で、労働者が手にする所得は低下している（二〇一五年には四年連続で実質所得の低下が見られた）。

また、当初分配は、市場での競争だけではなく、どの産業が政府からの公的支援（ないし公的規制）に与ることができるかにも依存しており、この点から見ても自然に決まるものではない。当初分配は、人々がどのような就労の機会にアクセスすることができるかにも依存する。一般的に言って、各人に対する当初分配は、各人が社会的協働において占める職業的位置（job position）に依存しており、その位置は、たとえば就職の時期が「氷河期」であったかどうかという如何ともしがたい偶然性によって左右されるものである。

いずれにしても、社会的協働が公正なものかどうかを判断するためには、税や社会保障など再分配にかかわる制度や政策のみならず、雇用や賃金など当初分配にかかわる制度や政策が公正であるかどうかを省みる視点が必要であり、当初分配を自明なもの、自然なものとみなす考え方は批判的に問い直されるべきだろう。

†クライアントからの脱却

社会保障の目的は、望ましいとされる生き方を国家がパターナリスティックに押し付けることにはない。しかし、従来の社会保障の政治的効果は両義的なものだった。というのは、それは、市民を、福祉国家のクライアント、つまり政府に対してサービスや保護を求める私的な要求者に転じる効果をもってきたからである。経済成長のもとでそうした要求がある程度充たされるかぎり、市民は私生活中心の生き方で満足することができる。自律を促すはずの生活条件の保障は、このような傾向のもとでは、自律にとっては否定的に作用することになる。

政府は、一定の保護や補償を提供することができるかぎり、ハーバーマスのいう「大衆的忠誠」、つまりクライアントによる政治的支持の入力を当てにすることができる。問題は、低成長のもとで財政が逼迫し、政府がそうした要求を十分には充たせなくなるとき——日本はゼロ成長が四半世紀にわたり、すでにこの局面に入っている——に、市民の私生活志向にどのような変化が生じるかである。大きく二つのケースが考えられる。

一つは、従来と同じように要求は立てるが市民としての負担は回避しようとするクライアントの態度が基本的に維持されていくケースであり、この場合には、累積債務がさらに増大するか、コストの削減がはかられ、それが交渉力の弱い社会層ないしは将来の世代にしわ寄せされることになろう。社会保障の後退に不満を募らせるクライアントが排他的な反応を示すようになることも予想される。そうした反応は、先にも触れたヨーロッパ諸国における排外主義（福祉ショーヴィニズム）に典型的に見られる。

二つ目は、人々がこれまでの私生活主義から方向を転じ、雇用／社会保障の制度や政策をめぐる意見－意思形成に市民として積極的に関与していくケースである。この場合には、クライアントとしてすでに手にしている利益の保持という観点からではなく、そうした利益主体としての自分自身をも説得しうる公共的理由が協働で探究されることになる。そうした理由が共有されなければ、負担増をともないうる制度の再編は受けいれられないだろう。

日本の税制は、過去数十年の間、累進性の緩和など、すでに有利な立場にあるものがさらに有利になるような仕方で再編されてきたし（所得税の最高税率は一〇年ほど前にはかつての七〇パーセントから三七パーセントまで低下した。現在は四五パーセントと若干戻っている）、社会保険制度も、その「逆機能」が指摘されるくらいにまで逆進性を強めてきた（国民健康保険の保険料だけで数百万の年収の五分の一になるケースすらあるし、年金の保険料率もこの二〇年余り繰り返し引き上げられてきた）。自戒をこめて言うなら、日本の市民は、生活に直結し、人生を左右するにもかかわらず、再分配の機能をもつこれらの制度に関心を寄せ、その是非を真剣には議論してこなかった。しかし、そのことが招いてきた事態を直視するなら、クライアントに終始する立場をとりつづけることは、もはや限界に達しているように思える。

5 社会保障の新たな構想

先に強調したように、社会保障の目的は、たんに貧困に対処し、すべての人が人間らしいまともな（decent）暮らしが送れるようにするだけではなく、深刻な社会的・経済的不平等をも規制し、平等な自由を享受しうる条件をすべての市民に保障することにある。困窮（への恐れ）ゆえに特定の他者の意思に依存せざるをえない脆弱な境遇におかれるなら、他者によって自らの生き方を決定されないという自律を保持することも、また、公共的な事柄についての意見の交換を通じて自ら自身の判断を形成し、それを表明していくことも困難になる。

生活条件の保障が十全なものであれば、たとえば雇用関係や婚姻関係が他者の意思への依存を導くものに転じる場合でも、人々がそうした関係から離脱することは容易になるが、その保障が十全でなければ、人々はそうした関係に拘束されやすくなる。繰り返せば、社会保障制度を評価する基準は、たんに貧困を防ぐだけではなく、人々が互いの関係において対等な市民であるための条件を保障しえているかどうか、にある。

それでは、市民が対等な関係を維持しうるために、その生活条件に関して何の平等化がはかられるべきだろうか。この問いは、政治理論において、平等の尺度（metrics）とは何かという問題として論じられてきた。厚生（welfare）、資源（resource）、ケイパビリティ（capabilities）が、基本的な平等化がはかられるべき対象として挙げられている。

(1) 何を保障するのか？

†厚生主義の難点

まず、厚生（幸福または欲求の充足）の平等化について言えば、その最も大きな問題は、客観的に見て生活条件に大きな格差があるにもかかわらず、厚生あるいは幸福の点では「平等」でありうるという点にある。生活が充たされているという感じ方は人それぞれに異なったものであり、たとえ劣悪な環境に生きているとしても、人々は主観的には幸福を感じることができるからである。

J・エルスターやA・センらが指摘するように（Elster 1995, Sen 1992）、人々は、不利な生活条件のもとに長い間おかれると、その環境に順応し、自らの願望や欲求そのものを萎縮させてしまう。手の届かないものを切望しつづけてもつらいだけだからである。これは、「順応的選好形成」（adaptive preference formation）と呼ばれる問題である。願望や欲求が萎縮してしまうと、人々は、ごくわずかな境遇の改善にも過大な喜びを感じるようになってしまう。この点で、厚生という尺度は、人々が平等な市民として享受すべき生活条件を評価する尺度としては不適切である。

†資源主義の難点

他方、資源を平等化の尺度とするアプローチは、人々の生活条件を基本的な資源（主に所得や富）を保有しえているかという客観的な尺度から評価する。このアプローチは、ロールズやドゥオーキンをはじめとする有力な論者によって支持されている。それは、たしかに、厚生主義のアプローチとは違って、人々が市民として必要とする資源――ロールズの言葉では「社会的基本財」――が客観的にどのように分配されているかに注目し、その分配状況の歪みを批判的に評価することができる。

しかしながら、センが早くからその問題を指摘したように、資源主義のアプローチは、人々の保有する資源が実際にどのように活かされていくかについてセンシティヴであるとは言えない。資源が人々の望む行動や状態へと転換されていくプロセスにはさまざまな諸要因が介在し、その実現を左右する。そうした諸要因には心身の障碍の有無のような個人的なものだけではなく、ジェンダー規範のような社会文化的なものも含まれる。

たとえば、かりに同じ資源を所有しているとした場合でも、身体（下肢）に障碍をもつ人はそうでない人にくらべ「移動する」という「機能」を達成するうえでより多くの困難に直面するし、同じ家庭に暮らしていても、女児は男児にくらべ、教育や医療の機会へのアクセスにおいて不利に扱われることがままある。

どのような生活条件のもとにあるかを適切に評価するためには、人々が主観的にどのように感じているかでもなく、客観的に資源をどれだけ所有しているかでもなく、実際に資源を用いて／資源によって何をなすことのできる状態にあるか、また、どのような状態に身をおくことができるかに注目する必要がある。このように資源と機能の関係に注目するアプローチは、「ケイパビリティ・アプローチ」と呼ばれる(このアプローチをとる代表的な論者には、センのほかにM・ヌスバウム、E・アンダーソンらがいる[Nussbaum 2007])。

†機能とケイパビリティ

いま用いた言葉について、若干の説明を加えておきたい。「機能」(functionings)とは、人々がアクセスしうる資源やサービスを用いて、ないしはそれらによって、何をすることができるか、どのような状態にあることができるかを指す言葉である。G・A・コーエンが指摘するように、「機能」には人々が資源を用いて能動的に何をなすことができるかだけではなく、受動的にどのような状態を享受することができるかも含まれる(Cohen 2011)。そうしたものの例としては、「過労からの自由」、「放射線からの自由」、「新型インフルエンザからの自由」などが挙げられよう(これらの自由は、人々が自らの行動を通じて達成する自由ではなく、政府が実施する公共政策を通じて享受できる自由である)。

そして、「ケイパビリティ」とは、人々が達成しうる諸々の「機能」の集合を指す言葉である。センによれば、ある人のケイパビリティは、その人がなしうる事柄、すなわち実効的に享受しうる自由を表す(Sen 1992)。その際、ケイパビリティのうちどの諸機能を達成するかはその人自身の選択に委ねられる。たとえば、ある人が、バランスのとれた栄養を摂ることができる条件のもとで自ら意図して断食を行う場合、その人のケイパビリティは損なわれない。

この「機能」ないし「ケイパビリティ」を平等の尺度とすれば、主観的に感じられる効用や客観的に保有される資源とは異なって、人々が現実に享受しうる生活条件——あるいは人々に開かれている選択肢の幅——を適切に評価することができる。

ケイパビリティ・アプローチの利点

ケイパビリティ・アプローチの資源主義に対するメリットは、次のように整理できるだろう。

まず、資源はあくまでも諸機能を達成する手段にとどまり、それ自体として価値をもつわけではないのに対して、達成されうる諸機能は人々が自ら肯定し、実現しようとする価値を表している。

第二に、資源の分配それ自体によっては、人々の間に現に作用し、不平等を惹き起こしてきた(人種主義や男性中心主義の)社会規範を変えていくことはできない。それに対して、ケイパビリティ・アプローチは、機能の欠損を惹き起こしている非物質的な要因が何であるかに注目し、それを特定することができる。

第三に、これと関係して、人々が不当とみなす事柄は、資源の不足それ自体ではなく、達成しえてしかるべき何らかの基本的な諸機能を達成することが妨げられる状態としてとらえることができる（「……がない」ではなく「……することができない」という言葉の方が、不正義の経験を言い表すのによりふさわしい表現である）。ケイパビリティ・アプローチは、人々がその生活状態を自ら評価し、問題を公共的な議論に向けて提起していくうえで資源主義よりも優れている。

†ケイパビリティ・アプローチ批判への応答

ケイパビリティ・アプローチには、資源主義を擁護する立場からいくつかの批判が提起されているが、それらには次のように応じることができるだろう。

まず、資源を機能に転換する際の諸条件の違いを個人ごとに把握するのは困難であり、かりにそれを把握しようとするなら膨大な（行政的）コストがかかり、実効的ではないという批判がある。この批判に対しては、たとえば段差という障害のために移動に支障をきたすというケイパビリティの欠損に対しては（個々人によって具体的な欠損の状況に違いがあるとしても）、ユニバーサル・デザインを導入することによって集合的に対応することができるし、あるいは、性差別的な規範ゆえに暴力やハラスメントに曝《さら》されやすいという欠損に対しても、同様に集合的な仕方で対処することができるだろう。このように、何らかのケイパビリティの欠損に対して——具体的な個々の問題から集合化する類推を行うことを通じて——社会の制度や政策は実効的に対処することができる。

第二に、ケイパビリティ・アプローチはあらゆるコストをかけてすべての欠損に対して応えようとするわけではない。次に見るように、社会が責任を負うのは基本的と判断される諸機能を達成しうる生活条件の保障である。そして、この場合にも資源の稀少性が避けられない以上、難病の治療等機能の実現に莫大なコストがかかるケースについては資源分配の効率性に配慮する実用的な判断が必要になる場合もありうる。

最後に、ケイパビリティ・アプローチには、正当化できない不利に対処していくうえで、人々の生活条件の有利－不利を客観的にかつ容易に把捉できる資源に注目するアプローチよりも劣っている、という批判が提起されている。

たしかに、ケイパビリティ・アプローチは、何らかの不利（ケイパビリティの欠損）が何によって惹き起こされているかをより複合的な視点からとらえようとする点で簡明さや容易さに欠けるかもしれない。だが逆に、このアプローチは、そうした欠損にそもそも資源の分配のみをもって対応しうるのかどうかを問い直し、欠損からの回復を可能にしていくためにどのような対応が有効なのかについて指針を提供できるという点で、個々人に向けて資源の分配を行うアプローチよりも適切な対処を導くように思われる。

†基本的ケイパビリティ

社会があらゆる諸機能を実現しうる生活条件を各人に保障することはもちろん不可能である（達成できれば望ましい諸機能には、たとえばラテン語の文章を読むことができるとか、一〇〇メートルを一〇秒台で走ることができる、フルートを演奏することができるといったものも含まれる）。社会が責任を負うのは、人々が達成しようと望む諸機能のうち、その社会の成員（市民）であれば誰もが実現しえてしかるべき（と判断される）基本的な諸機能についてである。

何を規準として基本的な諸機能とそうでないものとを分けるかについて言えば、そのいずれかの機能を達成しうる生活条件を得ることができなければ、「市民として」の平等な立場を享受しがたくなる――いずれかの機能が損なわれると他の機能もそれに連動して損なわれる――ような機能かどうかがその尺度になるように思われる。この意味での基本的な諸機能は、どのようなものだろうか。いかなる諸機能を実現しうる生活条件を築くことが社会保障制度の役割だろうか。

†基本的な諸機能

そうした基本的な諸機能を、E・アンダーソンらの議論を参照して、次の三つに分けて例示しよう（Anderson 1999）。

①「人間として」の諸機能……清潔な水やバランスのとれた栄養を摂ることができる、十分な睡眠や休息をとることができる、安全やプライバシーを脅かされない住居や環境をもつことができる、必要な医療やケアを受けることができる等々。

②「社会的協働への参加者として」の諸機能……人前に出て恥ずかしくない衣服を身につけることができる（A・スミス）、自分の意思で移動することができる、読み書き、計算ができる、必要とする情報にアクセスできる、労働やそれ以外の活動を通じて社会的協働に参加することができる等々。

③「市民として」の諸機能……政治社会の主要な制度や重要な政策を理解することができる、公開された情報にもとづき、他者と意見を交換したり、自らの意見を公表することができる等々。

†ケイパビリティの欠損

いま例示した諸機能を実現しうる生活条件が保障されているかどうかという観点から日本の社会を振り返れば、それが十分なものではないことは明らかである。たとえば、バランスのとれた栄養を摂ることができない子どもは多く、子どもを保育園にあずけることができないために働けずにいる人々、過重労働のために十分な睡眠がとれない人々、加齢のため移動する手段が失われた人々、他者との会話すらない孤独な状態を余儀なくされている人々、そして、ケア施設やケア・サービスの供給が不十分であるがゆえに、社会生活への参加が妨げられているケア提供者もいる。

基本的な諸機能を達成しうる生活条件が保障されているか否かは、その人の立場にたった場合に誰もが真剣に避けたいと願う事柄を避けることができる状態にあるかどうかという尺度によっても判断することができる。

ここではそのような諸機能のうち、安全と自由時間を享受しうる機能についてとくに触れておきたい。これらは、多くの人々が関心を寄せる機能であるとともに、制度や政策によってその欠損が惹き起こされやすいものだからである。

安全の保障

安全は、すべての人々が関心を寄せる最も重要な機能の一つである。この機能は、一人ひとりの個人的な努力によっては達成しがたい。生命／生活の安全を脅かすさまざまな要因を独力で制御することは不可能であり、それぞれの脅威に対してセキュリティを構築することは、主として国家の果たすべき役割である。

人々の生命／生活の安全を脅かす諸要因は多岐にわたっており、それに応じてセキュリティのあり方も多様である。生命／生活の安全が、暴力によって脅かされているとすれば治安の強化が、新型インフルエンザなどの伝染病によって脅かされているとすれば防疫の強化や公衆衛生の拡充が、あるいは津波や土石流など災害によって脅かされているとすれば防災機能の強化が、飲食料その他に含まれる毒性物質や病原体などによって脅かされているとすればそれらを検出できる態勢の整備が必要になる。

付言すれば、安全とその保障を軍事ないし治安にのみ結びつけることは、それらを過大視させる効果をともなう。国際社会において――軍事的な安全保障には還元できない――「人間の安全保障」(human security) という概念が提起されていることにもうかがえるように、生命/生活の安全は多面的に理解される必要がある。

リスクに対するセキュリティの構築については留意すべき重要な点がいくつかある。一つは、リスクは客観的な危険・脅威という面とともにそれに対して抱かれる恐怖や不安という主観的な面を含んでおり、どのようなリスクが重視されるか――あるいは軽視されるか――は政治的操作や共有されるマス・イメージによって左右されるところが多分にある、という点である。したがって、どれだけの危険性を帯びた脅威であるかについては、専門家を含む公共の精査 (public scrutiny) がつねに不可欠であり、同様に、リスクに対応すべくとられる手段が適切であるかどうかについてもモニタリングと検証が必要だろう。

また、リスクの増大が明らかに予見されるにもかかわらず、別の理由 (主に経済成長) から、それが過小に見積もられる、あるいはそれへの対応が先送りされる傾向も見られる。温暖化ガス排出を主因とする気候変動や完全には制御しえないことが判明した核エネルギーの利用などはその典型例であるが、ある種の遺伝子組み換えなど、そのリスクを制御できるかどうかが不確定な技術の導入や利用については、その是非について慎重に判断を形成する機会がひらかれるべきである。

安全な状態で生活することができるという基本的ケイパビリティを保障するためには、多くの人々が現に被っているその欠損に注目し、それに対処することがまず優先されるべきである。恒常化した欠損は、それとして受けとめられにくくなるからである。

†自由時間

もう一つ言及したいのは、自由時間をもつことができるという基本的な機能についてである。この機能を達成しうることは、健康を維持するためにも、人生を楽しむためにも、そして市民として政治に参加するためにも不可欠である。しかし、過労死や過労による心身へのダメージがしばしば報じられるように、自由時間を十分に享受できる生活条件が多くの人々から奪われているのがこの社会の実情である。

労働に費やされる時間が自由時間を圧迫し、その質を変えてしまうことについては多くの思想家によってこれまでも指摘されてきた。なけなしの自由時間が労働によって消耗した体力を回復したり、そこでの心身の疲弊を代償するためだけの時間になってしまえば、それはすでに労働の延長にある時間であり、それとは異なった諸機能の実現を可能にするものではなくなってしまう。

いま、恵まれた職場にある人々もワーキング・プアの境遇を余儀なくされている人々も、次々に求職せざるをえない人々も、そして育児や介護に相当の時間をついやしている人々も、自由時間をもつことは困難な状況にある。市民としてのそれを含む多様なケイパビリティの保障という観点から見て、この欠損は大きな問題である。

たしかにワークライフ・バランスの構築に向けた取り組みも徐々になされてはいるものの、他方では働く人々からさらに自由時間を奪いかねない案（労働時間に対する規制の適用を免除する制度）も政策課題にのぼっている。このケイパビリティ欠損に対応するためには、残業等による自由時間の減少を金銭等で代補するのではなく当の時間で返す仕組み（たとえばドイツで実施されている「労働時間貯蓄制度」）に見られるように、あらゆる人々に十分な自由時間の享受を可能にする制度を構築する必要がある。そうした制度は、健康でいることができるなど他のケイパビリティにおける欠損を避けるためにも有効である。

†不利の複合

ケイパビリティの欠損は個々の欠損にとどまるというよりも、他の欠損をもたらして複合化する場合が多い。解雇されれば、それは心身にストレスをかけ、しばしば病いを招く。病弱になれば再就職は困難になり、家族や近しい者との関係が破綻することもある。J・ウルフらが実証的な研究にもとづいて指摘するように、不利はさらなる不利を招き、不利の複合を脱するのは容易ではなくなる（Wolff and de-Shalit 2007）。

そうした悪循環を避けるためには、たとえば、失職が住居の喪失に直結しないような住宅保障、自己負担を免除する医療サービスなどによって対応する必要がある。

重要なのは、このように、不利と不利との連動をできるだけ早い段階で断ち切るために制度はどのような対応ができるかを検討することである。この点でも、事後的な保護の限界は明らかであり、社会保障の制度は、若い人々が著しい不利をかかえたまま社会的協働に参加せざるをえないような状況にまず介入すべきだろう。ケイパビリティに何らかの欠損が生じたとしてもそれを修復しうるような生活条件の構築を制度的に支援することがその重要な役割である。

(2) どのように保障すべきか？

†「十分性」の保障

いま見てきたように、社会保障は何を保障すべきかという問いに対しては、人々が基本的な諸機能を達成しうる生活条件をとひとまず答えることができる。次に考えたいのは、社会はそうした諸機能をどのように保障すべきかという問いである（この問いをめぐるよく整理された議論として Hirose 2015 を参照）。

この問いに対しては、人々が市民として対等な関係を築き、維持するために十分なレベルを、というのがその答えになるだろう。

国家による再分配機能をできるだけ抑制しようとするリバタリアンの代表的思想家、F・ハイエクも「生存」(sustenance) レベルの社会保障は積極的に肯定していた（Hayek 1960）。しかし、このレベルの保障で十分と言えるかといえば明らかにそうではない。それは、最も低く張られたセイフティネットであり、市民としての必要に応えるものではない。

福祉国家は、なんとか暮らしが成り立つレベル以上の生活水準——ディーセント・ミニマム（decent minimum）と呼ばれる――をその成員に保障しようとする。日本国憲法第二五条も「健康で文化的な」生活条件の保障を国家に求めている。ディーセント・ミニマムは、人々が品位ある暮らしを送ることができる規準を設定するものであり、セイフティネットの高さをこの規準に照らして適切なレベルに引き上げる。

しかし、すでに述べたように、社会保障の機能は、セイフティネットのそれには還元されない。それが十分であるか否かは、「人間として」、「社会的協働への参加者として」、「市民として」基本的な諸機能を達成しうる――基本的なケイパビリティの欠損が生じない――生活条件を保障しえているかどうかによってはかられる。

この「十分性」（sufficiency）の閾値《いきち》をどう設定するかは、それぞれの社会における民主的な合意《コンセンサス》に依存する。たとえば、どの程度の教育が、市民にとって必要な知識、推論・判断の能力、あるいはコミュニケーション能力等をもたらしうるかについて言えば、現代の日本については、どのような家庭環境にあっても少なくとも高等学校以上の教育にアクセスしうる機会が保障できなければ十分とは言えないだろう。

どれだけの医療保障、どれだけの住宅保障をもって十分と見るかについては意見が分かれるかもしれない。それでも、明らかにケイパビリティ欠損と見られる状態――たとえば、家庭が貧困であるがゆえに子どもが基本的な医療サービスすら受けられないような状態、あるいは住居がないがゆえに求職すらできないような状態——を解消していくという仕方で、その十分性を消極的に定義していくことができる。

†ディーセント・ミニマム＋公正な機会の平等

ディーセント・ミニマムだけではなおも不十分であり、それに加えて、公正な機会を人々に保障すべきであるという考え方も有力である。この構想は、ロールズのいう正義の第二原理（公正な機会の平等原理および格差原理）のうち格差原理を採らずに、それをまともなミニマムの保障に置き換えたものとして理解できる。この構想では、世代間の不利の継承は抑制され、各世代にそのつどフェア・プレイの条件（競争のための公正な機会）が保障されるが、逆に言えば、各世代内に生じる格差は各人の選択と努力によるものとみなされることになり、少なくとも理論上は、どれほど格差がひらいても許容されることになる（ディーセント・ミニマムは保障されているのだからそれで十分であり、十分性以上のレベルでひらく格差には問題がないとされる）。

この構想の難点は、まず、ある社会の価値評価基準に適合する生来の才能をもっているかどうかという偶然性（ロールズの言葉でいえば「自然的偶然性」）が軽視されてしまうという点にある（「格差原理」はそもそもこの「自然的偶然性」に対処しようとするものであった）。価値評価規準に才能が適合していなければ、「公正な」競争から容赦なくふるい落とされることになるが、これによって生じる不利は、自己責任とみなされかねない。

もう一つの難点は、格差がある世代の内部にとどまるとしても、すでに見たような不平等の効果（社会的・経済的不平等の政治的不平等への変換、私的な関係における支配の可能性など）が避けられない、ということである。富裕層には、公正な競争を保障する制度を自らにとって有利なものに改編しようとする強い政治的な動機づけがはたらくとすれば、世代を越えて制度が安定しうるかどうかも危惧される。

これらの難点を考慮すれば、同一世代内においても不平等を抑制し、市民の間に平等な関係を維持することが求められるように思われる。

†十分性を超えたレベル

このように、生活条件の保障は、まずは、すべての人々が「十分性」のレベル以上の諸機能を達成しうるものであるときに妥当である、と考えることができる（このように考える立場を政治理論では「十分主義」と呼ぶ)。しかし、十分性を超えたレベルでの不平等——それをようやく超えたところとはるかに上のところとの格差——もまた問題である。一部の限られた人々のみが高等教育や高額な医療サービスへのアクセスを享受できるような社会は平等な社会とは言えないだろう。そうした格差が過度のものになれば、市民間の平等な関係は損なわれてしまう。

もちろん、十分性レベルの生活条件を保障することがまずは優先されなければならないが、平等な関係の構築・維持という本書の関心に照らせば、「十分主義」だけではまだ十分とは言えない。稀少な財やサービスにアクセスしうる機会が一部の人々に専有されないようにし、そうした機会が公正にひらかれているかどうか——たとえば高等教育を受ける機会へのアクセスは学力と意欲によって判断されるべきであり、それとは無関係な要素によって判断されるべきではない——をつねに検証していく必要がある。

どのように保障するか、についてまとめよう。社会保障の制度は、まずあらゆる市民が十分性に達するよう生活条件の改善をはかり、そのうえで、十分性を超えたレベルでの不平等については、より不利な立場にある人々の生活条件を改善するよう保障するように編成されるべきである。このように制度をアレンジすれば、十分性を超えたレベルでの格差をまったく問わないような考え方（たとえばH・フランクファートの十分主義）とは違って（Frankfurt 2013）、その格差が政治的影響力、社会統合、そして自尊の条件に及ぼす負の影響を阻止することができる。

(3) どのような制度によって保障するか？

†アクセス保障の構想

さて、人々の生活条件を具体的にどのような制度によって保障するかについては、大きく分けて、所得保障およびアクセス保障という二つの考えがある。社会保障論の用語で言えば、「現金給付」と「現物給付」（サービス給付）がそれぞれ前者、後者におおむね対応する。所得保障は、所得や資産の保有を保障するものであり、それらをどう用いるかについては各人の判断に委ねられる。他方、アクセス保障は、基本的な諸機能を達成するために必要な財やサービスに無料ないし低コストでアクセスしうる機会を各人に保障することを指す（実際にアクセスするかどうかは成人の場合には各自の選択に委ねられる）。

言いかえれば、所得保障は所有権（a right to have）を保障し、アクセス保障は利用権

（a right to use）を保障する。利用権の保障は、コモンズ（共有地）の用益をコミュニティの成員に認める場合のように、思想史的には長い伝統をもっており（たとえばH・グロティウスやS・プーフェンドルフらの一七世紀の思想に見られる）、アクセス保障の考え方には、基本的な諸機能を達成しうる生活条件の保障をこの伝統に沿って再生しようとする意味合いもある。

†アクセス保障の制度

アクセス保障は、すでにさまざまなかたちで制度化されている。たとえば、民主党政権のもとで義務教育に加え高等学校での教育も無償化されたが、これは（中等）教育機会へのアクセスを保障しようとするものである。また、健康保険や介護保険は、医療サービスや介護サービスへのアクセスを保障するものである（ただし、そのアクセスは社会保険料をすでに拠出してきた有資格者に限定されており、しかも、近年における自己負担分の引き上げは貧困世帯にとって実際の利用を阻む障害となっている）。

公共交通機関や水道・電気・ガスなどライフラインへのアクセス、また情報や通信（公共メディア・インターネット等）へのアクセスもすべての人々にひらかれている必要がある。

ケア・サービスや保育サービスの供給が不十分であればキャリアを形成したり、継続することは困難になるし、住居へのアクセスが保障されていないことはとくに若年失業者の就労を阻む原因になっている。利用料金のかかるライフラインに関しては、最低限の利用に関しては無償化することも検討する余地がある。

いま述べたように、アクセス保障は、さまざまな形で制度化されながらも、アクセスを実質的に阻む諸要因――必要な財やサービスの供給不足をはじめとして、自己負担、相対的に高額の利用料金など――には十分な注意が向けられていない。

†アクセス保障のメリット

もちろん、所得保障をアクセス保障によって代替することはできないし、またそうすべきでもない。代替することができないのは、自己負担や利用料金をともなう公共サービスへのアクセスは一定の所得を必要とするからであり、また代替すべきでないのは、自分の意思で用益できる一定の資産（住居や一定の金融資産等）があることは生涯を通じての拠り所――湯浅誠の言葉を使えば「溜め」――となるからである（湯浅 二〇〇八）。とはいえ、アクセス保障（利用権の保障）には、所得保障にはない次のようなメリットがある。

第一に、十分な所得があっても、たとえば過疎地域に見られるように、必要な医療サービスや食料へのアクセスが容易ではないこともあり、所得保障のみによって人々が基本的な諸機能を達成しうる生活条件を保障することはできない。

第二に、アクセス保障においては、用途および利用の限度が定まっており、所得保障（現金給付）が惹き起こしうる濫用――それが基本的な諸機能を達成するためではない用途に向けられること――を抑制し、それを通じて、受給者に向けられる負の感情を抑制することができる（生活保護の不正受給率は二パーセントにも充たないにもかかわらず、メディアによるバッシングは繰り返されている）。

第三に、アクセス保障は、対象者を特定しないユニバーサルな性格をもっており、対象者を限定する選別主義的な福祉（生活保護制度など）が招くスティグマ化を回避することができる。アクセス保障を充実させることはすべての利用者にとっての便益ともなるので、人々の間に分断が生じる事態を抑制し、社会保障制度への幅広い政治的支持を得ることができる。

最後に、アクセス保障は、各種のサービス――教育、保育、医療・看護、介護等――を提供する人々に労働や仕事の機会をひらくことができるし、しかもこの種の労働や仕事はそれぞれの地域に定着しうる（余所に移転することが困難な）ものである。

このように、アクセス保障は、個人に財を分配することではなく、人々が市民として必要とする公共財（公共サービス）へのアクセスを保障することを通じて、すべての市民が特定の他者の意思に依存せずにすむ生活条件を構築しようとするものである。

アメリカの経済学者R・ライシュは、交通機関、教育機関、病院、公営住宅、公園などの公共財がはなはだしく劣化し、富裕層が公共の施設やサービスから離脱している現状に警鐘を鳴らしているが（Reich 2012）、日本の社会もとくに教育機会の保障や住居保障について大きな問題をかかえている。GDPに占める公的な教育支出の割合はOECD諸国のなかで下から二番目のレベルにあり、公営住宅の供給や家賃補助もきわめて不十分である。こうした公共財の不足は、人々の生計を圧迫し、学資ローン等の大きな負担を若年者に負わせている。

†補完的な所得保障

いま挙げた理由から、生活条件の保障はアクセス保障をベースとすべきであると考えられるが、それによって所得保障を完全に代替することはできない。社会保障の制度としては、所得保障が労働による所得およびアクセス保障を補完するとともに、あわせて自らが所有するものを自らの判断で用益できる個人の自由を擁護し、それを可能にする制度が望ましい。そうした補完的な所得保障の制度としては、「給付つき税額控除」の仕組みがある。

これは、働くことへのインセンティヴを維持しながら、就労が十分な所得をもたらさない人々に対して、税を徴収せずに所得を補う仕組みであり、そうした給付を行わない現行制度(所得控除および給付を行わない税額控除)に比べ、課税所得をもたない不利な立場にある人々の生活条件を改善することができる。これは所得調査のみで実施できる制度であり、生活保護制度のような漏給やスティグマ化を避けることもできる。この制度は、アメリカ、イギリス、フランスなどですでに実施されている。

ただし、この制度がすでにアメリカにおいて実施されていることからも分かるように、補完的な所得保障(現金給付)は、保育、教育、医療、介護、住居などのアクセス保障(現物給付)がしっかりと整備されていなければ、人々の生活条件を十分性のレベルにまで引き上げることはできない(井手・古市・宮﨑 二〇一六)。

†ベーシック・インカムについて

雇用の機会が今後さらに減少していくことが予想されるなかで、労働の有無に関わりなくすべての人々に所得を保障する制度、すなわちベーシック・インカムの制度について論じられることが多くなった（これは、所得や資産の多寡とは無関係にすべての市民に対して定期的に一律の現金――たとえば月額七万円ほどの――を給付する制度である）。ベーシック・インカムは、労働による生活保障を主、労働する能力／機会を持たないものに対する生活保障（社会保障）を従とする、これまで長く受け入れられてきた考えを根本から問い直し、この関係を逆転するものである。

労働する能力／機会をもたない人々を劣位の者として扱う規範を疑問に付し、ともかくも労働することへと駆り立てる強制的な圧力から人々を解放するという点で、たしかに、この制度構想は大きな魅力をそなえている。基礎所得が保障されれば、自らにとってやりがいのある仕事や活動に従事しようという意欲が喚起され、社会はより多様な生き方をする人々から構成されるようになるかもしれない。

しかし、今日の条件のもとでこの制度を導入することは難しいと思われる。この制度を維持していくためにはかなりの財源が必要であり、その財源は働こうとするインセンティヴが多くの人々から失われないかぎりで得られる。とすれば、この制度によって保障される所得は、そうした労働へのインセンティヴを損なわない程度に抑制される必要がある。それに加えて、この制度のもとでは、働く人々の抱く不満は、働かない人々へのルサンチマンに転化しやすく、制度への支持はきわめて不安定なものになるだろう。

ベーシックインカムは、先に引用した見田宗介の文章にある、「就労」(主)と「福祉」(従)の関係を逆転し、生活の保障を労働から切り離すラディカルで魅力ある制度構想である。しかし、この制度は、かなりの好条件がそろわなければ持続可能なものとはならず、そうでない条件のもとでは、むしろ負担をおう者と受益する者との間に分断を生みだしやすい。

この先も就労機会の減少が避けられないとすれば、P・ヴァン・パリースらが指摘するように、その機会それ自体が貴重な財となり、それをどのように分配するかという課題も緊要なものとなっていく(Van Parijs 1995)。それに対しては、労働時間を短縮することによって就労の機会をより多くの人々に分配するというワークシェアリングによって対応し、それが所得の減少をともなうとすればそれを補完型の所得保障によってカバーするのが基本的な方向性であるように思われる。

†資産を保障する社会保障

いま批判したのは月々あらゆる市民に一定額の所得を保障する制度構想だが、ベーシック・インカムがとるあらゆる形態を退けようとする意図はない。部分的なベーシック・インカムは日本でもすでに国民年金の国庫負担分や児童手当というかたちで制度化されているとも言える。ここで、先に触れた事前の社会保障との関係で注目したいのは、「資産ベース福祉」(asset-based welfare)と呼ばれる考え方であり、これはベーシック・インカムの一つのかたちと見ることができる(資産ベース福祉については、松尾二〇一五を参照)。

アメリカの憲法学者B・アッカマンと財政学者A・アルストットは、すべての市民に対して成年に達するときに一律に一定額のステイク(彼らの提案では八万ドルの現金)を支給し、利子分を含めて死亡時に返還させる制度、ステイクホルダー・グラント(stakeholder grant)を提案した(Ackerman and Alstott 1999)。これは、大学(院)の学費などを想定したものであり、社会的協働に向けて人々が対等な足場にたって参加できるよう促すものである(アッカマンらはその機能を「ブースター」に喩《たと》えている)。

これは先に見た、（当事者から見て）事前の資源保有を各人に保障する、ロールズの「財産所有のデモクラシー」の構想にも沿った考え方である。イギリスでは、二〇〇五年から二〇一一年にかけて、「児童信託基金」（Child Trust Fund）――政府が出生時と七歳時に計五〇〇ポンドを出資するとともに、保護者らがそれに増資し、本人が成年（一八歳）に達したときに引き出すことができる子ども名義の貯蓄・資産運用口座――が実施されたが、これも同様に、生育環境の相違に関わりなく社会的協働にしっかりとした足場に立って参加できる生活条件を保障しようとする考え方にもとづいたものである。

こうした成年時の一括給付に対しては、浪費を招くとの批判もあるが、社会保障が事後的な救済という消極的役割を越えて、協働への十全な参加を促そうとする役割を担う点で注目に値する（浪費を避けようとすればその一部を給付型の奨学金や訓練費等に当てるという仕方で運用することもできる）。いずれにしても、不利な条件のもとにある若年者が将来の展望をひらくことを可能にする制度の導入を検討することは、不利が親から子へと継承される社会にあって緊要な課題の一つである。

6　社会保障と政治経済

†社会保障と経済

ＯＥＣＤ諸国の中で、日本は近年まで社会支出（ＧＤＰに占める広義の社会保障支出の割合）が低かったにもかかわらず、累積債務の主な原因を社会保障のコストに帰す言説はいまも広く流通している。たしかに、制度設計にミスがあったと判断できる年金制度を見直す必要はあるだろうし（盛山 二〇〇七）、年金や医療をはじめとする従来の社会保障が「人生後半」に偏ってきたことも事実である（広井 一九九九）。とはいえ、社会保障の制度改革が制度への信頼をさらに低下させる方向にむかうとすれば、それはすでに生じている「制度離れ」をさらに助長することになる。

高負担高福祉の諸国における経済のパフォーマンスはけっして悪くないという事実を措くとしても、社会保障制度の充実は経済にとって必ずしも「重荷」となるわけではない。

すでに述べてきたことに関係づけて、その理由を簡単に確認しておきたい。

まず、事前に資源（生産手段）を分配する社会保障は、教育機会へのアクセスをひらくことを通じて人的資本の形成に資する。それは、社会的排除を生涯にわたって回避し、社会的協働に参加するための持続的な資産となるだけでなく、人的資本の多元的な形成という点で、長期的に見れば経済の活性化にも資する。社会保障は、たしかに社会的投資（social investment）としての側面ももっており、教育や訓練の充実は新たな革新を導くこともできる。

第二に、アクセス保障は、公共サービスの提供に携わる就労の機会をローカルな場につくりだすことができ、しかも、そのほとんどは余所には移転できない性質をもっている。

第三に、社会保障制度が充実し、それによって将来へのたしかな見通しが得られれば、生活保障を私的に構築するために過度に備える必要はなくなる。生活不安を昂じさせるような政策がむしろ経済の活性化を損なってきたことはこれまでの経験からも明らかである。

人的コストを削減するという個々の企業にとっては合理的な行動が、デフレを昂進させるとともに、社会全体を荒廃させてきたコストは、中長期的に見た場合の経済活動にも跳ね返っている。人々の生活を荒廃させれば、それは、そこで営まれる経済活動そのものを

――勤労への動機づけの面でも――阻害することになる。

社会保障の拡充は、このようにより広い視野から眺めれば、経済にとって重荷になるというよりも人々の生活基盤を安定させるという点で、それに資する合理性をそなえている。

†社会保障と政治

すべての市民に平等な自由を保障すべく、社会保障の制度をアクセス保障および（補完的な）所得保障の組み合わせからなるものへと再編していくことを支持する理由が共有されるとしても、それは、実用的な理由による反駁《はんばく》を受けるかもしれない。

実際、巨額の財政赤字を理由として、社会保障を削減しようとする法や政策が相次いで正当化されてきたし、それでも不足する財源を得るためとして、消費税の増税が正当化された。また、少子化も、今後の担税能力の減少が避けられない負の要因として強調されてきた。さらに、社会保険料負担の軽減をはかるために雇用の非正規化を進める企業の行動も、制度によって後押しされてきた。

政府によってこの間進められてきた「改革」は、無駄を省く（と称する）行政改革、労働条件に関する規制緩和、法人税減税などであり、そのような「改革」も、自分の属する組織をまもることが自分の職をまもり、ひいては自分の生活をまもっていくためにはやむをえないと考える市民からは大きな抵抗を受けずにきた。それによって損なわれてきたのは、市民が政治や社会に関わっていくための生活条件である。それはとりわけ貧困層の生活に破壊的といってもよい打撃を与えているが、より有利な地位にある社会層も長時間労働を余儀なくされ、法や政策について熟慮するゆとりをもちうるわけではない。

生活条件の保障をたしかなものにしていくには市民として政策評価・政策形成に積極的に関与する必要があるが、その生活条件が政治に関わるだけの余裕を与えないものになり、市民はますます守勢に立たされるという悪循環が生じている。組織の一員としては合理的な判断や行動が、市民として判断したり行動するための条件を損なってきたと言える。

この状況は深刻である。政治に関わっていくための十分な時間や資源を市民に保障しうる社会保障制度を再建していく見通しは、にわかには得られそうにはない。しかし、生活条件のさらなる悪化を招く法や政策に異議を表明し、能動的に政治に携わる他の市民の活動を支持したり、あるいは短時間でも、政治に関与したりするルートがふさがれているわけではない。第Ⅲ部で、デモクラシーにおいて市民はどのような役割を果たしうるのかについて考察する際に、あらためてこの問題に立ち返ることにしたい。

＊

第Ⅱ部では、市民が共有する主要な制度の一つである（広義の）社会保障制度について見てきた。それは、市民の間に平等な関係を築き、それを維持するための生活条件を保障するための制度である。

続く第Ⅲ部では、市民を政治的に平等な者として尊重するデモクラシーの制度とそのもとでの市民の政治的実践について考察する。もし、制度やその運用を通じて、平等な関係が損なわれ、ある市民が差別的に扱われたり、不当な負荷をおわされているとすれば、そうした制度を正していくのはそれを共有する者の責任であり、実際、市民は民主的な意見‐意思形成を通じて問題を提起していくことができる。

第Ⅲ部の関心は、法や政策を正当化する理由について市民が検討する公共的な推論（public reasoning）としての熟議デモクラシーにある。熟議もさまざまに解釈される言葉であるが、本書では、「法や政策を正当化する理由を検討する公共の議論」という意味で用いる。熟議を通じて導かれる政治的な意思決定は、民主的な手続きから見て正統（legitim）であるだけではなく、同時に、その決定の内容についても、より正しい（correct）

と推定しうる。

デモクラシーが、「多数の暴政」やポピュリズムに転じることなく、市民自身からの信頼を維持していくためには、たんに市民の意思を平等に尊重するだけではなく、その意思が形成される過程に法や政策を正当化する理由を相互に検討する契機を組み入れていく必要があろう。

第Ⅲ部 デモクラシーと平等

ユルゲン・ハーバーマス　Jürgen Habermas (photo © dpa／時事通信フォト)

1　デモクラシーにおける市民

†「市民」への懐疑

デモクラシーは、市民一人ひとりを、対等な発言権をもつ者として尊重することを求める。独裁制や貴族制などといった他の政治体制と対比してデモクラシーを特徴づけるのは、政治的平等の規範である。この規範は、すべての市民が法の執行・適用の局面において等しく扱われることだけではなく、すべての市民が、立法過程において法の「作者」として平等な立場を占めることを求める。

以下、第Ⅲ部では、デモクラシーにおいて市民が果たす政治的役割について考察するが、あらかじめ、市民に最小限の役割——選挙を通じ代表者を選出する役割——しか与えないデモクラシーの構想に触れておこう。

労働者を含め、多くの市民（女性を除く）が参政権を獲得するようになった一九世紀の末から、全体主義を経験した二〇世紀中葉にかけて、デモクラシーについて論じた思想家たちが市民に与えた評価は概して消極的ないし否定的なものだった（W・リップマン、J・シュンペーターなどがその代表的な論者である［Lippmann 1922, Schumpeter 1942］）。リップマンらの認識と評価は次のようにまとめられる。

人々が相互に及ぼす影響関係が広範かつ複雑なものとなった社会（G・ウォーラスのいう「大社会 Great Society」）にあっては、市民は、不確かな情報、恣意的に選択された情報しか得られない「疑似環境」におかれる。しかも、彼らが抱く意見は、ステレオタイプにもとづくものであり、正確な認識にもとづく推論や判断を期待することはとうていできない。

市民はまた、そうした環境にあって、操作の対象として扱われやすい脆弱な立場にある。彼らは、政治家や政党などが放つイメージやレトリックによる影響を被りやすく、理性（理由）というよりも感情やムードによって動かされがちである。そして市民は、そもそも政策がどのように異なるかを理解する能力やそのための知的資源を欠いているだけではなく、そもそもそれを理解しようとする意欲すら欠いている。

要するに、法や政策について熟慮して判断を形成する市民などというものは願望思考がつくりだしたたんなる「幻想」にすぎず、市民としての成熟を大衆に期待するのは「太めのひとにバレエダンサーになるのを求める」（W・リップマン）ようなものだ、という評価である（Lippmann 1927）。したがって、現実の市民に期待できるのは、法や政策について自ら判断する「立法者」になることではなく、そうした「立法者」（議員）を数年に一度の選挙によって選ぶことに尽きる。

市民に向けられるこのような否定的な評価は過去のものではなく、現在も反復されている。市民は、政治（一般に公共の事柄）への関心を欠き、それにかかわっていく意欲も能力もなく、ましてや「熟議」を期待することなどできない、というものである。法案や政策立案について、正確な情報と認識をもち、対立する見解をも考慮し、中長期的な観点からそれらを実現することが合理的かどうかを検討する「熟議」は必要だとしても、それは市民の仕事ではなく、一部の統治エリートや専門家に委ねられるべき仕事である、という見方も同じように繰り返されている。

市民の認識能力や熟議能力に対して多分に懐疑的な、こうしたデモクラシーの構想に対して、市民自身によって担われる熟議デモクラシーを擁護していくことはいかにして可能だろうか。熟議デモクラシーは、その時々の多数意思によって法や政策を正統化する集計的なデモクラシーと比べるなら、それらがなぜ選択されるべきなのかについての理由を交換し、検討する意思形成の過程を重視する。

以下、主に熟議デモクラシー論に焦点をあわせていくが、それは、このデモクラシーの構想が、市民を平等な者として最もよく尊重することができるように思われるからである。たしかに、「一人一票」(one person, one vote) の規範にもとづく選挙デモクラシーも市民を対等な者として扱うけれども、投じられた票の集計によってはカウントすることのできない意見や観点がある。熟議デモクラシーは、「数の力」ではなく「理由の力」を重んじる点で、質的に異なった意見や観点を、たとえそれがごく少数の者が示すにすぎないとしても、尊重することができる。

†民主的正統性について

一般に、政治的な決定は、市民が受容しうる公正な手続きにしたがってなされる場合に、民主的な正統性 (legitimacy) をそなえているとみなすことができる。手続きが公正なものとみなされる条件として最も重要なのは、「包摂性」と「対等性」である。「包摂性」は非排除性と言いかえることもできるが、意思決定の影響を被るすべての人々――ステイクホルダー（利害関係者）と総称される――がそれを導く政治過程に参加しうることを求める。他方、「対等性」は、民主的な政治過程から社会的・経済的な影響力を排し、すべての参加者が政治的には対等な発言権をもちうるようにすることを求める。

政治的な意思決定は、それにいたる手続きが公正なものとみなされるならば、決定の内容（法や政策の内容）に対しては意見を異にする者も、それを正統なものとして受容することができる。その場合には、他者の意思を一方的に押しつけられるのではなく、他ならぬ自分自身も関与しえた手続きの結果に従うことになる、という了解が成り立つからである。少数者を含めすべての市民に対等な発言の機会が確保され、理由の検討が十分に重ねられていれば、それにもとづく意思決定に従う動機づけも与えられる。

ただし、意思決定がこの意味で正統であることと、決定内容が認知的な観点から見て正しいと言えるかどうかは別の事柄である（「認知的」というのは、決定に至る手続きではなく決定の内容が正しいか否かを判断する際に用いられる言葉であり、たとえば権利を侵害し、コストもかかるようなエネルギー政策を選ぶことは「認知的」に見て正しいとは言えない）。意思決定は、ほとんどの場合、その正当化理由を検討する熟議の過程をさしあたり中断する仕方で行われざるをえない。その内容は、正しさという観点から見ればつねに誤りうるものである。それゆえ、意思決定は、理由の検討という同じ手続きによってそれがやがて修正されていく過程にひらかれていなければならない。

†正統性（legitimacy）と正しさ（correctness）

決定の正統性は、基本的には意思形成－決定の手続きが公正なものであることに依存している。とはいえ、手続きが公正であればそれだけで決定が正統なものとして受容されるかと言えばそうではない。コイントスやくじ引きは、特定の人々を優先しない不偏性が確保されているので公正な手続きとみなしうるが、政治社会の制度に関わるような重大な意思決定がこれらの手続きにしたがって行われることはない。

手続きが公正なものであることに加えて、意思決定の内容がコイントスよりも認知的に見て正しいと推定できることが、現実には市民がそれを正統なものとして受容する条件になっている。D・エストランドの言葉を使えば、手続きにおいて特定の人々を優先しない不偏性（公正さ）が確保され、しかも、認知的な観点から見てより正しい決定内容を導く傾向があるがゆえに、デモクラシーに対する信頼が得られる（Estlund 2008）。

手続きが公正だとしてもそれが導く決定の内容が正しいとは言いがたいものであれば、

あるいは逆に、正しい決定内容を導く傾向があるとしても決定へと至る過程が一部の知的エリートに独占されるのであれば、民主的な意思形成‐決定に対する信頼は生まれない。信頼が生まれるのは、公正な手続きと決定内容の正しさが結びつくときである。

そうした結びつきが得られるのは、公共の議論を通じて情報や意見の交換が行われ、理由の検討が行われるときである。熟議デモクラシーは、認知的な多様性（社会に存在するさまざまな観点）を活用し、異論を通じたフィードバックによって誤りを正していくことができる。

†民主的正統性についての判断

政治的な意思決定に民主的正統性がそなわっているかどうかを判断しようとするとき、市民は次の二つの観点をとることができる。一つは、「入力」（in-put）、つまり法や政策の形成が市民の意思にもとづいているかどうかに注目する観点であり、もう一つは、「出力」（out-put）、つまり政府の活動が公共的利益に沿っているかどうかに注目する観点である。もちろん、ある法が正統であるか否かは双方の観点から判断されうるし、されるべきである。とはいえ、そのいずれを重視するかによって、デモクラシーにおける市民の政治的役割をどう見るかについて大きな違いが出てくる。

ペティットは、市民の政治的役割を、「編者」(editor)としての役割と「作者」(author)としての役割に区別している(Pettit 1997)。市民は、「編者」としては政治過程の出力に注目し、政府の活動が公共的利益に適っているかどうかをチェックする。他方、市民は、法の「作者」としては政治過程の入力局面に注目し、法の制定や政策立案が自らの意思に沿って行われることを求める。

「編者」としての市民は、立法過程においては二次的・間接的な役割を果たす(選挙を通じて立法者＝議員を選出する)にとどまるものの、法にもとづく統治が公共的利益に沿っているかどうかを監視し、そうでない——公共的利益たりうる利益を逸している/特定集団の非公共的な利益に奉仕している——と判断する場合には、積極的に異議を申し立て、法の改廃を求めていく。他方、「作者」としての市民は、法が、最終的には立法者(議員)によって制定されるとしても、それが他の市民とともに形成した共同意思にもとづくものであることを求め、議会等で取り上げられるべき政策課題《アジェンダ》を自ら積極的に設定していく活動に携わる。

もちろん、法制定の多くは実際には既存の法の「編集」として行われる以上、「編者」

としての役割と「作者」としてのそれは分かちがたく結びついている——編者による事後的なチェックが新たな法（改正法）をつくりだす契機になるという関係がある——と言えるが、次に挙げるいくつかの理由から、法の「作者」の役割を「編者」の役割に還元することはできない。

†「編者」としての市民の役割

まず、「編者」の役割は、異議申し立てを積極的に行い、公共的利益に反すると見られる法や政策を特定し、その改廃を要求していくことにある。市民が「編者」として行う具体的な活動は、メディアを通じての抗議の意思表明、デモや占拠《オキュパイ》などの直接行動、そして司法への提訴などである。

しかし、市民が福祉国家によるサービスの受給者としてクライアント化している場合には、異議申し立ては、法や政策を問い直すというよりも、苦情や陳情、つまり私的な諸要求の表明に終始する場合がある。そうした諸要求が何らかの仕方で——不利益に対する補償という仕方で——充たされるならば、法や政策の正統性／正しさを問う異議申し立ては沈静化してしまう。のみならず、異議申し立てを行うための政治的交渉力の非対称性を考慮すれば、交渉力において有利な立場にある者の方が自らの既得権が損なわれることに対してより活発に反応するという事態も考えられる。

法の編集を積極的に行うためには、提起される異議申し立てに他の市民が関心を寄せることが必要である。つまり、異議申し立ては、個々の市民の不満や苦情として扱われるのではなく、すべての市民にかかわりうる公共の事柄として受けとめられるのでなければ、法や政策の正しさを問い直し、それらを再編していくルートはひらかれない。

そのためには、市民が、提起された異議申し立てを理にかなっていると判断し、当の法や政策を改廃する活動に携わっていく必要がある。しかし、「編者」としての役割のみで、そうした自覚を喚起しうるかどうかは疑わしい。むしろ、ある市民による異議申し立てを、他の市民が自らの利益には響かない「彼らだけ」の事柄とみなす余地も大きい（沖縄の基地問題にはそうした面がある）。

法の編集がその制定に活かされていく——異議申し立てによって問い返された法や政策の正当化理由が市民によってあらためて検討される——ルートを確保するためには、市民が法の「作者」としての立場にあること、つまり、自らの政治的権力が他の市民の生活を否応なく左右することへの責任を喚起することが必要になるだろう。

†「作者」としての市民の役割

異議申し立てのデモクラシーも、法の「作者」たる他の市民の問題関心を呼び覚ますことなしには、法の編集という役割を十分に果たすことはできない。統治の影響はつねに偏った仕方で現れるのであり、一部の市民が被る不正を自らもまた関与している事柄として受けとめる観点がなければ、市民が、相互に、他の市民の異議申し立てに敏感に応じながら、法を再編していくエディターシップは十分には発揮されないだろう。法の編集が、人々が私人としていだく利害関心に沿って行われるのではなく、平等な尊重を維持し、回復しようとする関心に沿って行われるためには、市民間の協働が不可欠である。

そうした政治的協働にとって重要なのは、何らかの不正が見出される場合に、必ずしも直接の利害を共有しない他の市民の注目《アテンション》と対応をある程度期待できるということである。自らの利害には直接響かないと感じる市民も、不正として感知された問題に対応することが相互に期待できるということが、市民の間に政治的な協働関係を築く。すべての市民による平等な自由の享受という普遍的な価値を実現すべき制度は、たとえそれが直接にはごく一部の者にのみ関わる事柄であるとしても、感知された不正に反応し、法や政策そのものの妥当性（正しさ）を問い直そうとする市民の協働によって支えられる。「編者」としての役割と「作者」としての役割はこのように相互補完的である。「作者」としての関心や関与を喚起しない法の編集が十分には機能しないのと同じように、「編者」としての政治的な関心や関与が欠けているところでは、法を改廃したり、新たな政策課題を設定していこうという動きも生じない。以下では、主に「作者」としての市民の役割に焦点を絞り、民主的な意見－意思形成過程に市民がどのように関与しうるかに注目したい。

2 民主的な正統化と理由の検討

†多数意思の尊重？

デモクラシーは、もちろん、市民の意思を尊重しようとする政治体制である。法や政策の内容が認知的に見ていかに正しいとしても、一部の者の意思にもとづいて統治が行われるなら、そうした政治体制は民主的であるとは言えない。逆に、多数意思による支持が得られればどのような決定も正統化できるかといえば、そうではない。

市民の多数意思はつねに誤りうるものであり、デモクラシーに対して繰り返し提起されてきた批判も基本的にこの点を問題にしている。市民の意思は、しばしば彼ら自身の利益に反するような代表者や政策を選ぶこともあるし、また、他の市民の基本的権利（たとえば言論の自由）を侵害するような法や政策を支持することもある。A・トクヴィルが『アメリカのデモクラシー』（第一巻）で用いた「多数の暴政」という言葉は、市民の多数意思は、合理的なもの／理にかなったものであるという保証はないことを指す言葉としていまも用いられている（Tocqueville 1835）。

もし、市民による民主的な意思形成が繰り返し誤った決定を導くとすれば、市民自身が、デモクラシーに対する信頼を失ってしまうかもしれない。「多数の暴政」を危惧する者の多くは、情報に通じ、長期的な利害を展望することのできる少数の統治エリートに実質的な意思決定を委ねようとしてきた（『世論』の著者であるW・リップマンもそのひとりである）。実際、デモクラシーは、市民の意思に無制約の権力を委ねるわけではなく、市民の権力（デモス＋クラトス）を制御するための制度をともなっている。たとえば、その時々の多数意思によって少数者の権利が侵害されないようにする司法審査はデモクラシーを外部から制約する制度であるし、権力分立や二院制はそれを内部から制御する制度である。

†立憲デモクラシー

熟議デモクラシーが、民主的な政治過程の内部に「多数の暴政」を阻止していく機制を組み入れるものであるとすれば、「立憲主義」(constitutionalism)は、政治過程の外部から、「多数の暴政」に歯止めをかけようとする思想である。それは、憲法を、たんに統治権力を縛るだけではなく、主権者たる人民の権力をも制約する規範として位置づける。それは、その時々の多数意思に抗して、すべての市民——将来の潜在的市民も含む——に対して、平等な権利を保障する制度を求める。立憲主義は、市民の意思を万能なものとみなすのではなく、すべての市民が個人として平等に尊重される条件を保障していくために、市民の現在の意思に制約を課すのである。

立憲主義の中心的な制度は、司法審査である。それは、議会の多数意思にもとづいて制定された法律が個人の基本的な権利を侵害しないかどうかを法の専門家の観点からチェックする仕組みであり、違憲であると判断される場合には、その法は改廃を求められる。このように見れば、立憲主義とデモクラシーは相反するものであるかのようにも思われるが、憲法は、基本的な諸権利の平等な享受が多数意思によって損なわれないようにすることを通じて、デモクラシーそのものを成り立たせ、それを望ましい仕方で――少数意見を尊重する仕方で――作動させる役割を果たす。

というのも、憲法は、市民が享受する政治的権利を含む――そして言論の自由をはじめとする市民的権利や生活条件を保障する社会的権利などを含む――諸権利をすべての市民に保障することを通じて、市民による意思形成が「包摂性」および「対等性」というデモクラシーの基本的な条件を充たす仕方で行われることを促すからである。

ハーバーマスも指摘するように、憲法は、過去における数々の不正義に対する政治的な闘いの成果をその一箇条一箇条にとどめており（Habermas 1992）、憲法がデモクラシー（人民主権の原理）に課す制約は、デモクラシーが暴走して自らの存立基盤を破壊することがないように自身に課した制約としても見ることができる。憲法が、それを改訂する手続きに高いハードルを設け、特段の熟慮と熟議を市民に求めているのもそのためである。

†理由の検討

さて、市民の多数意思を尊重しながらも「多数の暴政」を避けるためには、どうすればよいだろうか。その一つの手立てが、意思形成の過程に理由の交換・検討を組み入れていくことである。つまり熟議によって媒介される仕方で意思形成が行われるなら、多数意思は、その時々に支配的となるムードに同調するような仕方で形成されるそれとは異なったものになると考えられるからである。

熟議とは、法案や政策立案を正当化する理由を、また市民自身が提起する政策課題を正当化する理由を公共の議論を通じて検討することである。それは、多様な市民からなる公衆に向けて、政治的主張を正当化する理由を提示することを相互に求め、それが各市民の立場から見て受容可能なものかどうかを問う。

この理解によれば、尊重に値する市民の意思とは、そうした理由の交換・検討――「公共的推論」(public reasoning)――を経て形成される意思であり、選挙や世論調査を通じて特定されるようなそのつどの多数意思ではない。

政治的な意思決定に際して、たんに表明された意思の数だけを重視するのであれば、少数者が示す意思とその理由は――それが多数者もまた受容しうるものである場合にも――蔑ろにされることになる。民主的な意思形成を同時に理由の検討としてとらえることが重要なのは、少数者によって提起される理由が多数者によっても受け入れられ、多数者の意見を変えることがあるからである。

言いかえれば、市民による意思形成が理由の検討によって媒介されるようにすれば、市民の多数意思を同時に合理的なもの／理にかなったものとして尊重することも可能になる。市民の意思を所与のものではなく、理由の検討を通じて形成されるものとしてとらえれば、少なくとも、現在の多数意思それ自体に正統性の根拠があるとする見方を相対化していくことができる。

†熟議の両義性

いま見てきたように、熟議デモクラシーにおいては、意見の交換を通じて市民がともに受容できる理由を探り、より妥当と判断される理由によって支持される法や政策を市民自身が選択する（選択し直す）ことが目指される。

したがって、このデモクラシーの理解は、市民の多数意思が導く意思決定が民主的正統性をもつと考える理解と対比すれば、「反多数派主義」の特徴をそなえている。「多数の意思に反する」と言えば逆説的に響くかもしれないが、デモクラシーがそもそも少数意見をもつ者も平等な者として尊重する政治体制であることを考えれば、少数者の提起する主張とその理由を真剣に検討することはデモクラシーにとって当然の要請である。

もっとも、「頭数」ではなく「熟議」、「意思」ではなく「理由」（理性）を重視することはデモクラシーにとっては両義的である。というのも、熟議の契機のみを重視するなら、それと引き替えに、市民の意思を軽視し、一部の統治エリートや専門家にそれを委ねるという方向にも傾くことになりかねないからである。

J・S・ミルは、「多数の暴政」に対してトクヴィルが抱いた危惧を共有しながら、選挙法改正によって労働者が参政権を獲得し、多数を占める事態が予想されるなかで、教育を受けた少数者のもつ知性により重みが与えられるような意思決定の仕組みを構想するのに腐心したたし（Mill 1861）、現代では、ペティットが、熟議（合理的な推論）とデモクラシー（多数意思にもとづく決定）との間にある緊張を指摘し、前者をより重視する考え方に与している。

たしかに、多数の意思よりも少数による熟議を優先することには、ある種の問題については、より正しい意思決定を導きうるというメリットがある。現在、金利は政府ではなく中央銀行（日銀政策委員会における熟議）によって決定されているが、どれだけの金利が適正かは金融市場に疎い一般の市民には判断しがたいことでもあり、政府や議会多数派の短期的な利害関心（たとえば選挙目当ての景気浮揚）によって左右されるべきでもない。裁判所による憲法解釈をはじめとして、その時々の多数派の意思に抗しても、少数の専門家が熟議を通じて形成する判断を尊重する諸制度には、市民自身の諸権利を擁護し、その利益を保全していくという観点から見て大きな意義がある。

しかし、もしこの考え方を際限なく押し広げていけば、外交政策や社会保障政策、さらにはエネルギー政策なども、情報によく通じ、長期的な観点から推論することのできる専門家の熟議のみに委ねた方がより合理的な意思決定を導きだせるということになり、実質的に少数者による統治を正当化することにもなりかねない。

熟議とデモクラシーとが離反しないようにするためには、市民自身が熟議に携わり、法や政策の正当化理由を検討することが必要である。そして、このことは、意思決定の内容をより正しいものにしていくうえでも不可欠である。というのも、少数の専門家のみによる熟議には、問題を多面的な角度から検討するという点から見ておのずと限界があり、認知的な多様性を活かすことができないからである。さらに言えば、専門知にもとづく熟議が、政策決定に携わる者（諮問する側）の利害関心に沿って行われる傾向があることも否定できない。

後述するように、重要なのは、専門家によって行われる熟議の意義を否定することではなく、それを、市民による熟議と結びつけ、民主的な意思形成過程の一環として位置づけることである。

†認知的多様性の活用

たとえ熟議を十分に重ねることができたとしても、それが導く決定内容も絶対に正しいものではありえない。むしろ、それが誤りうるからこそ、熟議デモクラシーは、すでに行われた意思決定に対してさまざまな仕方で提起される異論（dissent）を真剣に受けとめようとする。そうした異論は、意思決定にいたる過程において見過ごされ、あるいは軽んじられた観点を代表するものと考えられるからである。熟議デモクラシーの特徴の一つは、そうした異論を認知的に見て生産的なものとしてとらえ、それを、引き続き行われる理由の検討に積極的にフィードバックしていくところにある。

熟議とデモクラシーとをあえて結びつける熟議デモクラシーは、熟議の機会を市民に広くひらくことによってはじめて社会における認知的多様性を活かすことができ、それによって一部の専門家の熟議よりも正しい意思決定を導くことができると考える。

第一に、専門家の熟議は、避けがたくある範囲のなかに閉じられ、認知的に見て等質化する傾向がある。『公衆とその諸問題』におけるJ・デューイの言葉を引けば、「専門家階級は、避けがたく、共通の関心から疎遠になってしまうため、私的な関心と私的な知識をもつ階級になってしまうが、この私的知識は、社会的な観点からするならば、知識の名に値しない」(Dewey 1927, pp. 364–365〔二五四頁〕)。デューイによれば、問題解決に向けた探求は市民全体の自覚的な協働によって担われる「社会的な探求」(social inquiry)として行われるべきものであり、そのためには、その探求に特定のバイアスがかかるのを避けなければならない。

第二に、E・アンダーソンが強調するように、認知的観点は社会に非対称的に分散している(Anderson 2006)。何らかの法や政策が社会の各層にどのような影響を及ぼすかを知るためには、それぞれの状況や経験のもとで得られる認識をできるだけ幅広く包摂する必要がある。とりわけ、複合的な問題については、専門家の限られた視点から、提起されている問題解決がどのような影響を人々の生活に及ぼすかを予見することは困難である。この点から見ても、社会に非対称的な仕方で散在する「状況化された知」(D・ハラウェイ)を有効に集める探求が求められる。

もちろん、そのような知はそれぞれバイアスを帯びているはずだが、そうしたバイアスも、さまざまな経験や観点を照らし合わせることを通じて相互の問い直しを促すという意味で、政治的に有益な資源であると見ることができる（Peter 2009）。

第三に、専門家の熟議は主として問題の解決に方向づけられるが、市民の熟議は、問題解決だけではなく新たな問題の発見にもひらかれている。発見された問題が広く公共の関心事にかかわるものと判断される場合には、それは、立法を通じて問題解決がはかられるべき公共の政策課題とみなされるようになる。環境問題、育児や介護など社会保障の問題に見られるように、生活に関わる政策課題の多くは、政府や専門家が主導して設定してきたものではなく、市民社会における議論の積み重ねを通じて形成されてきたという経緯も重要である。

このように、意思決定の内容をより正しいものとしていくためにも、熟議の機会は、民主的にひらかれるべきものである。専門家による熟議がより正しい解を得ようとするならば、それは少なくとも、市民による熟議に媒介される必要がある。

†専門知とデモクラシー

熟議デモクラシー論の課題の一つは、市民の熟議と専門家の熟議との望ましい相補的な関係をどう形成していくかである。市民が、法案や政策立案の正当化理由を検討するためには、まず、そのテーマを理解するためにより正確な情報を得ることが必要である。しかし、多くの市民は、当の問題に関して判断するための情報やそれを解釈するために必要な知識を得ることは困難であり、とくに専門知を要する問題についての意見－意思形成においては受動的な立場に立たされることが多い。市民と専門家との間には「知／情報の非対称性」がつねに存在している。

テクノクラシー（専門家による支配）は、こうした条件のもとで、政府と専門家との間に緊密な関係が築かれ、民主的な統制がほとんど作用しないまま、市民の生活を大きく左右する重大な意思決定が行われるときに生じる。核エネルギーの利用、脳死・臓器移植、遺伝子操作などはその典型である。実際、多くの政策形成について、専門家が政府（首相や閣僚）の設置する各種の審議会や諮問機関に動員されるようになっており、法令に基づかない私的諮問機関でさえ、政府が推進しようとする重要な法や政策を実質的に正統化する役割を担っている（重要な意思決定に関与しながらも民主的統制が効きにくい諸機関はABCs［Agencies, Boards, Commissions］と呼ばれる）。

専門知と統治権力の複合とその自立化に対して、市民の熟議はどのように対応することができるだろうか。政策形成のために専門的知見が不可欠な場合が多いことはたしかであり、専門家の見解や判断を求めること自体に問題はない。専門家の判断が政府から自律している場合には、むしろ、その判断は政府による権力の濫用を抑制するうえでも有効である（たとえば内閣法制局の果たしてきた役割は、集団的自衛権の行使容認をめぐる論争の過程で注目された）。問題は次の点にある。

まず挙げられるのは、審議会や諮問機関のメンバーの任用が争点をめぐる見解の多様性を反映しない仕方で行われがちだということである。多くの問題について専門家の見解が一致することは稀であるにもかかわらず、任用が政府の意向に沿って行われるとすれば、正当化理由を異なった観点から検討するという熟議は成立しなくなる（水俣病がチッソの排出した有機水銀によるものであるという事実が当初は政府の任用した専門家によって否定されていた）。

市民が同じ問題をめぐって意見を形成する場合には、専門家の対立する諸々の見解を知り、それぞれの理由を比較検討するプロセスが必要だが、それらを市民に理解できる仕方で伝えるというルートが確立していないこととも相俟《あいま》って、市民は、専門家の見解がどのような理由で分かれているのかをよく知ることができずにいる。

第二に、専門家は文字通りある特定の領域におけるエクスパートであり、その知的な権威は本来その領域に関してのみ成り立つ。しかし、現実には、専門家は、その領域を越える問題についても実質的な判断を下す傾向がある。たとえば、原子力利用の安全性／危険性についての判断とそれをエネルギー源として利用するかどうかについての判断は別のものである（杉田 二〇一三）。

第三に、このことと関連するが、かりに認識や見解を異にする熟議が専門家の間に成立したとしても、専門家がカバーしうる認知的観点は市民のそれに比べれば限られている（専門家としてのキャリア形成それ自体が特有のバイアスをつくりだしているとも考えられる［Estlund 2008］）。したがって、市民の熟議が示す多元的な観点を知ることはこの限界を補完するためにも不可欠である。

専門知と日常知の間に非対称性が存在することは避けられないが、この非対称性が民主的な正統性の欠損を招かないようにするためには、審議会や諮問機関にさまざまなステイクホルダーの観点を代表させるとともに、認識や見解を異にする専門家どうしの論争に市民がアクセスすることができる回路をひらき、市民が、専門家がとっていない観点——とりわけ決定の影響を最も被りやすい人々の観点——からも検討を加える熟議を促す必要がある。

†市民社会における熟議

熟議は、法や政策に関する意思決定をもって終わる単発の過程ではない。たしかに、議会や審議会等のフォーマルな熟議は、時間的・空間的に制約されているが、市民社会におけるインフォーマルな熟議は、そのような制約をもたず、熟議に携わる人々も限定されてはいない。

まず空間的に見れば、熟議は、国境や文化の違いに制約されることなく行われる。他国における理由の検討は、いまや否応なく国境を超えて伝播してくる。たとえば、いまや定着したDVという観念は外国産のものであるし、同性愛者に対して「値しない不利」を与えてきた法制度はいま多くの国で同時に並行して問い直されつつある。

時間的に見れば、熟議は過去のそれと連続している。熟議は、長い時間をかけて断続的に行われるプロセスであり、折に触れて繰り返される検討を経て、妥当なものとして広く受容される理由は、共通の確信として政治文化のなかに蓄積される。人種差別や性差別を不正と判断する理由はそのような理由である。そのように蓄積された理由をハーバーマスにならって「理由のプール」と呼ぶとすれば（Habermas 1992）、そのつどの熟議は「理由のプール」を背景として行われ、ときに理由の内容や布置に変更を加えていく。

このように、市民社会全体にわたるインフォーマルな熟議は、特定の人々によって担われるものではなく、ハーバーマスが述べるように「主体なきコミュニケーション」という性格をもっている。そこで重要なのは、情報や意見の交換を通じて幅広い主題をめぐって理由の検討（理由の濾過）が行われることである。そのようにして蓄積された理由は次のような重要な役割を果たす。

まず、「理由のプール」は、ありうる立法や政策の幅をまずは消極的に制約する。たとえば奴隷制や性差別を正当化するような主張がかりに提起されるとしても、そうした主張を正当化する理由は、「理由のプール」に照らして退けられることになるだろう。政治家の発言も共通の確信に抵触する場合には失言と判断され、それによって力を失うこともある。

†アカウンタビリティ

「理由のプール」は、また、政策決定者に対してアカウンタビリティを要求する拠り所でもある。アカウンタビリティは「説明責任」と訳されることも多いが、法案や政策立案の趣旨についてひと通り説明すれば終わりというものではない。それは、法や政策を正当化する理由を市民に向けて公表し、それらをめぐる公共の議論を喚起し、提起される異論に理由を挙げて応答する、という一連の過程を意味している。それは、異論への応答というフィードバックを不可欠のものとして含んでいるのである。

アカウンタビリティは、もちろん、重要な法や政策が議題にのぼっている場合に強く求められる。そのポイントは、理由の公開によって、それをめぐる公衆の議論が喚起され、目下の文脈で言えば、それによって、法や政策の決定に際し市民の多様な認知的観点がより幅広く包摂されるチャンスが得られることにある。

アカウンタビリティは、事前のものには限定されず、すでに行われた意思決定に対して提起される異論に対して、あらためて理由を挙げて応答するという事後的な形態をとることもある（Gutmann and Thompson 2004）。事後的なアカウンタビリティを政策決定者――

すでに公職を離れている場合にも——に対して負わせる政治慣行が定着するようになれば、政策決定者が、将来においてその責任を負えるよう、より慎重に（エヴィデンスを精査して）、そしてより多様な意見を考慮して、意思決定に携わるようになることが期待できるかもしれない。

†選挙による代表の限界

市民社会における多様な熟議を通じて形成される意見は、どのようなルートを通じて代表されるだろうか。

もちろん、民主的な政治過程にあって最も重要な代表のルートは選挙である。選出される議員は、投票において示された市民の意思を正統に代表する。しかし、選挙による代表にはいくつかの点で限界がある。

第一に、選挙は数年に一度のものであり、選挙と選挙の間に争点として浮上する問題についての市民の意見を十分に代表するとみなすことはできない。たしかに、選挙後の政策課題について各政党は自らの政策方針をマニフェストのかたちで示すことが慣例化しつつあるが、それらによって示されるのはあくまでも包括的な政策パッケージであり、選挙において問われるのはあくまでもそのパッケージに対する賛否である。

したがって第二に、個々の争点についての市民の意思や意見が選挙によって代表されると考えることはできない。市民が、ある政党の経済政策を支持する一方で、その安全保障政策あるいはエネルギー政策を支持しないという判断をもつケースは多々ある。

第三に、近年の投票率の低下傾向と小選挙区制による過剰代表の効果（得票率に比して議席数の割合が多くなること）を考慮すれば、選挙によって議席を得る者は、社会に広く分散している意見を部分的にのみ代表しているにすぎない。投票率の低下を説明する一つの理由として、社会が複雑化し（利害関心や価値観が多元化し）、各政党がある社会層の利益を包括的に代表することが困難になったことが早くから指摘されている。

代表される者と代表する者との関係については、前者が後者を選び、約束の履行を求めるという旧来の（本人 - 代理人）モデルには収まり切るものではなく、代表する者が逆に代表される者（の将来の利益や価値志向）をつくりだす関係、そうした代表する者自身が両者の相互作用のなかでつくりだされる関係など多様なものであることが指摘されている（たとえば、Mansbridge 2003）。この分析は、代表される者が誰であるかは自明ではなく、その利益や価値観も所与のものではないという事実を明らかにしている。代表という概念をより柔軟に解釈し、代表の形態やルートを多元的なものとしてとらえ直す必要があるだろう。

†意思の代表と観点の代表

代表は、いま不在の――（十分に）現前していない――観点をあえて現前させる、再‐現前化（re-presentation）という意味をもっている（Arendt 1961）。将来の市民や重度の知的障碍者、苦痛を感じる動物の意思を代表することは不可能だが、その観点は――その立場にあったとしたら自分はどう考え、どう感じるかの推論を通じて――代表することができる。逆に言えば、現在の・市民の・意思を代表する制度によっては、過去や将来の・非市民とみなされている人々の・観点は代表されにくい。その意思（賛否）が代表されていない者の観点をあえて代表することがなければ、意思の代表は現在の市民の内部最適化に終わることになる。

　現在の多数意思を特権化しないためには、十分に代表されていない市民の意思をさまざまなルートを通じて代表するだけではなく、不在の観点を再‐現前化する必要がある。意思決定の正統性を（それによって影響を被る者による）理にかなった受容可能性という意味でとらえるならば、その根拠を現在の多数意思に還元することはできない。民主的な意思形成が理由の交換・検討によって媒介されるべきなのは、現実に表明される意思の代表だけではなく、不在の観点の代表も不可欠だからである。

†公開性の原理と正当化理由の検討

熟議において扱われるテーマは、市民によって提起される場合もあるが、ここではまず、政府が提起する政策課題について見てみよう。それらの正当化理由をめぐって公共の議論が行われるための条件は、意思形成‐決定が秘密裏に行われるのではなく、その理由が市民に向けて公開されることである。

法や政策を正当化する理由が市民に広く知られるよう要求する公開性の原理は、「統治の秘密」(arcana imperii) にもとづいて人々をもっぱら統治の客体、つまり「臣民」としてのみ扱う公的支配に抗して（大竹 二〇一二‐一四）、近代の市民が獲得し、確立してきた原理である（市民の権利・義務にかかわる立法に関して公開性の原理を提示したのはI・カントである。彼は、この原理に反して法の制定が行われる場合に、市民はその法に対して不正義を推定する権利があると述べた［Kant 1795］）。それは、統治が恣意的なもの――市民が制御しえないもの——にならないようにするためには、不可欠の原理である。

法や政策を正当化する理由が公開されれば、市民は、その理由が受容できるものであるかどうかを検討することができる。理由の検討は、一人ひとりの市民によって行われることもあれば、市民の間で行われることもある。熟慮が個人によって行われる理由の検討(deliberation within)であるとすれば、熟議とは市民の間で行われる理由の検討(deliberation with)を指す。

熟慮の場合にも、理由の検討は、マス・メディアやソーシャル・メディアなどによって媒介される。市民は、メディアを通じて問題への理解と判断形成に必要な情報を得るとともに、それが報じる賛否の主張とその理由を自らのそれと突き合わせることによって、自らの意見を形成していくことができる。

市民間の熟議がどのような形態をとりうるかについては後に考察するが、熟慮にせよ熟議にせよ、市民による理由の検討は、ひらかれた公共圏(情報・意見交換のネットワーク)のなかではじめて可能となる。

†公共的理由による正当化

近現代の社会においては、人々の利害関心が競合・対立するだけではなく、人々の価値志向も多元的に分化しており、それらの間に予定調和は存在しない（つまり、何らかの特定の価値観によって社会を統合することはできない）。この多元性の条件のもとでは、市民の権利・義務に関わる重要な意思決定は、価値観を異にするすべての市民にとって受容可能な理由によって正当化される必要がある。特定の価値観に依拠して意思決定が正当化されるなら、それ以外の価値観にコミットする市民は不利益や抑圧を被らざるをえなくなるからである。

価値観の異なるすべての市民が理解・受容しうる理由は、「公共的理由」(public reasons) と呼ばれ、特定の価値観にもとづく「非公共的理由」から区別される（定義上、それは一部の人々しか受け入れることができない）。法や政策を正当化するために挙げられる理由が公共的であるかどうかを市民はどのようにして判断しうるだろうか。

公共的理由を、多数者の利益を支持する理由と混同しないようにするためには、それを、理にかなった仕方で退けることのできない理由としてとらえる必要がある。「理にかなった拒絶可能性」は、先述のようにスキャンロンが示した考えである。

これは、各市民に対していわば仮設的な拒否権を与え、各人それぞれの立場を等しく考慮することを求める。何らかの法や政策がいかに多数者の利益に適うとしても、ある市民の立場から見て受け入れがたいと判断される――しかも、それが退けることのできないだけの理由をともなっている――場合には、そうした法や政策を正当化することはできない。たとえば、起こりうるテロリズムを防ぐために、ある宗教を信奉する人々が治安管理の対象として恒常的にマークされ、通信の秘密や移動の自由が著しく侵害されることになるとしたら、そうした政策は再検討を迫られるはずである。

この場合、たしかに「理にかなった」をどう解釈するかをめぐって争いが生じうる。いま挙げた例でいえば、テロリズムの差し迫った危険があるという確かな情報のもとで、一時的にごく限られた移動の自由が制限されることまでをも拒絶するのは理にかなっているとは考えられないだろう。それを建設すれば利便性が著しく向上する飛行場建設の是非についていえば、どの程度の騒音やリスクをもって「受忍限度」と考えるのが理にかなっているかという問題が生じるだろう。このような解釈の争いを完全に避けることはできないとしても、ある法や政策が各市民それぞれの立場から見て受容可能な理由によって支持されているかどうかというテストを政治的な判断形成に導入することは、多数者の利益のために(と称して)、それらが強行されるのを阻止するのに役立つ。

もっとも、法や政策が受容可能なものかどうかを「理にかなった拒絶可能性」だけで判断するわけにはいかない。というのも、推論を通じた観点の代表は、ある市民の立場から仮設的に行われるものである以上、異なった立場にある者の観点がいわば「捏造《ねつぞう》」されてしまうという危険性を免れることができないからである。法や政策の影響を最も被りやすい人々が、自ら自身の観点を示すことのできる、ないしはそれを有効に代表させることのできる機会が制度によって保障されていなければならないのは、そのためである。デモクラシーは、発言の機会、有効に代表される機会をあらゆる市民に保障する制度である。

†現実の同意と規範的同意

何らかの制度や政策が市民によって受容されているかどうかは、それに対する現実の同意が示されているかどうかによってではなく、それに対する理にかなった非同意（non-consent）＝異論がないかどうかという尺度によって判断される。これは、合意を非同意の不在によって特定する考えである。

現実の同意がそのつど得られなければ制度が受容されているか否かが分からないとすれば、たとえば憲法でさえ世代ごとに市民の賛否を問う必要が生じてくる。しかし、これは憲法とそれにもとづく法秩序をきわめて不安定なものにしてしまう。同様のことは他の制度についても言える。現実の同意は、そのつどの多数意思に過大な特権を与えることになる。

合意を非同意の不在によって特定する考え方は、この問題を避けるうえで有効である。それは、現実に表明される意思ではなく提起される異論に十分な理由があるかどうかを重視する。非同意に十分な理由があると考えられる場合には、その異論が向けられている制度の妥当性を検討すべきであるし、逆にそうではないと判断される場合には、非同意は無効化される。

このように、理にかなった拒絶（非同意）がないかぎり、現行の制度は妥当なものとして市民に受容されていることを、D・エストランドの言葉を借りて「規範的同意」（normative consent）と呼び、それを「現実の同意」（actual consent）から区別しよう（Estlund 2008）。

「規範的同意」は、意思（willing）というよりも理由（reasoning）を重視する。したがって、それは、いかに少数の異論であるとしても、その異論に十分な理由があると考えられるならばそれについての検討がひらかれる点で、現状維持に仕えるものではない。それは、むしろ、異論を提起する者の立場から見て同意することが可能かどうかを真剣に検討しようとする。

カントは、『理論と実践』において「根源的契約の理念」を示した(Kant 1793)。この理念によれば、立法に際して重視されるべきは、市民による現実の賛否ではなく——それは市民が同意を拒むような「心の状態や気分」にあるかどうかによって左右されてしまう——、あらゆる立場から考えて(普遍的な)同意が得られるかどうかである。「規範的同意」は現実に提起される異論によってつねに試されているのである。

†政治文化と「理由のプール」

さて、熟議(理由の検討)は、求められている意思決定に対して有効な影響を与えることができるか、というと必ずしもそうは言えない。実際、政府主導の政策は、熟議に必要な時間を市民に与えずに推し進められることも少なくない。

法や政策を正当化する理由を引き出すことが政府にアカウンタビリティを負わせるためには不可欠であることについてはすでに述べた。それだけではなく、理由の検討を行うことは、それが意思決定にはただちに反映されない場合にも、政治文化の次元では大きな成果をもたらす。ここでいう政治文化とは、市民の間で広く受容されている共通の確信（規範的判断）、そしてそれを支持する理由からなる。

理由の検討は、中長期的な観点から見れば、市民が妥当なものとして共有しうる理由を蓄積し、そうではない理由を退けていくスクリーニングに資する。たとえば、男性中心主義的なジェンダー規範の問い直しはまだ徹底しているとは言いがたいとしても、女性に対する平等ではない扱いを不当とする判断は共通の確信として定着してきている。もし社会政策の立案にあたって女性の排除や周辺化を正当化するような理由が示されるとすれば、それは多くの市民によって不当であるとして退けられるはずである。

諸々の理由は個々バラバラに検討されるものではなく、互いの間に整合性を求めるものであり、ある規範（たとえば女性差別）を不当と判断する理由は、別の規範（同性愛者差別）を不当とみなす判断を導いてきた。理由の検討とは、その意味で、諸理由のゆるやかなネットワークのなかで行われるのであり、その成果は波及効果をもって、他の規範を支持する諸理由の再検討を引き起こしていく。

†熟議による「選好の変容」

人々があらかじめもっていた自分の意見に固執するわけではなく、新たな情報や他者から説得力のある理由を示されれば意見を変えていく、ということは経験的にも立証されている（Fishkin 2011）。人々が妥当なものとして受け入れる理由は、判断の修正を動機づける力をもっている。

とはいえ、理由を検討することは、それなりのコストをともなうことも事実である。必要な情報を得たり、他者と意見を交換することは時間を費やす営みであり、しかも、そうした情報や意見の交換が必ずしも快いものではないとすれば、心理的な負荷もかかる。もし、コストをかけて理由の検討を行っても、少なくとも、短期的にはそれに見合う成果が得られそうにないとすれば、そうした「余計な」コストをかけないことが個々の市民にとっては合理的な選択となる（このような態度は「合理的な無知」と呼ばれる）。

たしかに、理由の検討にもとづいて自らの意見を形成すべしという要求は、要求度が高すぎるようにも響く。熟慮／熟議を経て意見が形成されるならば、その意見はより妥当なものに変わりうるとしても、それだけのコストを払うことのできる市民の数は限られるかもしれない。そしてその非対称性が生活条件の格差を映し出しているとすれば、不利な立場にある市民ほど熟慮／熟議から遠ざけられてしまう、という「逆説」が指摘されるかもしれない。人々に市民として公共的な推論に携わることを求めるのは無理筋であり、人々がそのつど個々に表出する諸欲求を記録するビッグデータを解析することによって、公共的な利益（「一般意思」）を探るほかないという議論も、こうした（非理想的条件の）認識から出てくる（東 二〇一一）。

この議論は、人々の表出する欲求（意思）を所与のものとみなし、それがどのように形成されるかを問わない点で、形を変えた主意主義であるように思われる。個々に表出される欲求は、かりにその人自身にとっては合理的であるとしても、理にかなったもの、つまり他の市民もまた受け入れることのできるものであるとはかぎらない。市民を集合的に拘束する意思決定を「欲求の集計」にもとづいて行うことはできない。

スキャンロンによれば、人々がいだく欲求それ自体の基礎にも理由がある。他者との間で行われる理由の検討は、自ら自身にもけっして透明ではない欲求を、他者の視点から解釈し直す機会を与える。熟議は「選好の変容」（反省を通じて何を求めるかをめぐる判断に変化が生じること）を導くと言われるのはそのためである。

3 熟議の制度

†熟議の能力と機会

熟議デモクラシーを擁護する議論に対しては、一般の市民は、熟議の能力を欠いている、つまり、理由よりも目の前の利益や感情によって動かされる、あるいはごく限られた情報にもとづいてしか判断を形成できないという懐疑や批判が示されてきた（これは、「市民」の能力は現実の「大衆」には求められないとするW・リップマンやJ・シュンペーター以来の懐疑である）。だが、これまで見てきたように、市民にとって欠けているものがあるとすれば、それは、熟議の能力というよりもむしろその機会である。

たしかに、多くの市民にとって熟議にアクセスする機会が十分にひらかれているかといえば、そうはいえない事実がある。熟議を成り立たせる基本的な条件は、同じ主題や争点をめぐって多様な意見が存在することである。コミュニケーションが同じような意見をもつ人々の間に閉じる場合には、むしろ、集団としての意見がより極端な方向に偏っていく傾向も見られる（この現象は、C・サンスティンらによって「集団極化 group polarization」と呼ばれる［サンスティン 二〇一二］）。

いま広汎に見られるのは、コミュニケーションがそれぞれの集団の内部に閉じ、それらを相互に媒介するようなコミュニケーションが有効にはたらいていないという、「公共圏の分断化」の状況である。さらに言えば、そもそも異なった意見をもつ人々との対話それ自体を避け、多分に暴力的な仕方で自らの一方的な主張を示す動きも散見されるようになってきた。

相互の媒介を欠くこうした言論の状況にあって、意見と意見を交換する機会を市民はどのようにしてもつことができるだろうか。ここでまず注目してみたいのは、熟議の機会を市民社会のうちに制度的につくりだしていく試みである。

†ミニ・パブリックスの実践

一九七〇年代以来世界の各地で、「コンセンサス会議」、「計画細胞」、「市民陪審」、「市民議会」、「討論型世論調査」などさまざまな熟議が実施されている。これらの熟議の諸制度は、「ミニ・パブリックス」(mini publics)と総称されている。本書では、個々の制度の説明については立ち入らず(より詳しくは、篠原 二〇〇四)、その意義を指摘するにとどめる。

ミニ・パブリックスは、自生的には生じにくい多様な意見の媒介をはかり、より正確な情報の取得(情報過程)と意見の交換・理由の検討(討論過程)を通じた意見形成を導く熟議の制度である。そこでの熟議は委託者(政府、議会、審議会等)が設定したテーマについてなされる。それに参加するのは、十数名から数百名であり(人数が多い場合には十数名の小グループに分かれて熟議が行われる)、参加形態としては市民が自ら応募する場合と「討論型世論調査」(deliberative poll)のようにランダム・サンプリングを通じて参加者が選出される場合がある(応募による場合には、テーマに強い関心をもつ市民によって熟議が行われることになり、その意見形成にはある程度バイアスがかかる)。熟議にかけられる時間は通常二日ないし四日、長い場合には十数日に及ぶこともある。また、熟議を通じて合意形成が求められる場合とそうでない場合がある(後者の場合には、熟議を介することによって参加者の意見がどのように変化するかが重視される)。

ミニ・パブリックスの意義は次のようにまとめられるだろう。第一に、そこで行われる意見形成は、誰を代表として議会に選出するかについてではなく、具体的な政策課題――エネルギー政策、環境問題、地域再開発、福祉・ケア、治安等――についてのものである。それを通じて知ることができるのは、一般の世論調査がとらえるような「生の意見」(raw opinions)の分布ではなく、「情報に通じ反省された意見」(informed and reflected opinions)である。そこで注目されるのは、もし熟議の機会が得られるとしたら市民はどのような意見を形成するかであり、世論調査を受けたときにたまたまどのような「意見」が頭に浮かんだかではない。

第二に、一部の例外を除き、ミニ・パブリックスは意思決定の権限をそなえず、熟議が意思決定に与える影響はあくまでも間接的なものにとどまる。意思決定の圧力に曝されないということは逆にミニ・パブリックスの利点でもあり、参加者は、理由の検討により関心を集中することができる。それは、フォーマルな代表(議会における代表)に代わるものではなく、それと両立し、それを補完する別種の代表の制度として理解することができる。ミニ・パブリックスは、個々の政策課題に関するごく一部の市民による意見形成の制度にとどまり、それだけで正統性を標榜することはできないが、少なくともそこで形成された意見に対するコメントを委託者(たとえば地方自治体の首長)に求めることを通じて、フォーマルな政治過程におけるアカウンタビリティを向上させることができる。

第三に、ミニ・パブリックスは、自発的に形成される公共圏とは違い、制度的に創出される公共圏であり、前者においては欠落しがちな意見の多様性と相異なる意見の間のコミュニケーションをある程度は確保することができる。とりわけランダム・サンプリングにもとづき、参加者に日当を支払う「討論型世論調査」はこの多様性の確保を重視する熟議の制度である（Fishkin 2011）。この制度は、経済的、社会的その他の要因にもとづく現実の交渉力の違いが熟議に反映されるのを防ぎ、それをある程度対称性のあるものにすることができる（言説の資源の違いによる「内的排除」を防ぐことは十分にはできないとしても）。

最後に、ミニ・パブリックスは、そこで形成された意見（ないし意見の分布）を広く公表することによって、当の問題についての市民の関心を喚起し、それをめぐる公共の議論を活性化していくことができる。とりわけ熟議の過程がメディアを通じて公開される場合には、その視聴者も仮想的に熟議に参加する機会を得ることになる。選挙の主要な争点が限られがちな傾向——どの選挙においても主要な争点になるのは景気、雇用、年金である——を考慮すれば、ミニ・パブリックスはそこで軽視されがちな争点に市民の注目を喚起するという役割も果たすことができる。

†ミニ・パブリックスへの批判と応答

ミニ・パブリックスについては、テーマを設定する委託者によって恣意的に利用される可能性、それに参加しようとする動機づけや資源をもつ市民の限定性、熟議の過程に内在する同調圧力などの問題点が指摘されている。

これらはミニ・パブリックスのかかえる問題点についての重要な指摘だが、それらには次のように応じることもできるだろう。テーマの設定（および選択肢の提示）についての説明を委託者に求めること、「討論型世論調査」のように日当を支払い、参加へのインセンティヴを高めること、討論過程における意見の偏りを防ぐような仕組みを設けることなどである。とりわけ重要なのは、テーマの設定それ自体を市民の発議にひらくことであり、そうすることができれば、議会や閣議等フォーマルな公共圏において検討に付されるべき政策課題を市民の側から設定していくルートを確保することができる（イギリスで実施されているように、パブリック・コメントが一定数に達した場合、それを議題として取り上げるか否かを検討するという仕組みも考えられる）。

いずれにしても、多くの社会で実践されてきたミニ・パブリックスの経験から言えるのは、市民は熟議の能力を欠いているわけではけっしてなく、その機会を欠いているにすぎないということである。市民の権利・義務にかかわる主要な制度の変更をはじめとして、重要な政策課題については熟議の諸制度がもっと活用されてしかるべきだろうし、自治体の予算編成などについてもすでに成果を挙げている類似の制度が試行されてもよいだろう。

ブラジルのポルトアレグレ市ではじまった「参加型予算」(participatory budgeting)は、自治体の予算の一定割合について、市民がそれを何に当てるべきかの意思形成 - 決定過程に参加できる制度であり、アメリカやヨーロッパの多くの地域でも採用されている(その詳細については措くが[出岡 二〇一二]、この制度は、多くの住民の参加を得た地域が、意思決定機関により多くの代表を送り出すことができる仕組みをそなえており、貧困地域の住民が、この仕組みを活用してその生活インフラの整備のための予算を獲得する成果を挙げた)。日本でも、自治体の下位ユニットである「地域協議会」において、市民がその予算を何に当てるかを決定できる制度が運用されはじめている。

†二つの公共圏の連携

議会は、市民社会において市民がさまざまに形成する意見を代表するとともに、それらを審議を通じて集約し、意思決定を導く役割を担っている。ところが、後にも触れるように、いま、日本の議会には、市民の意見を代表するというよりもむしろ政府に追随する傾向が見られる。その結果、市民の間には自分たちは議会によって代表されていないのではないかという感覚も強くなってきている。議会という公共圏を市民たちが形成する公共圏に結び直すルートは、どのように描かれるだろうか。

自発的な公共圏やミニ・パブリックスという形態をとる市民の熟議は、議会の熟議とどのような関係にあるだろうか。後者は、問題の解決を志向するフォーマルな公共圏であり、その意思決定に対して制度上の責任が問われる。そこでは、意思決定を導く手続きが制度化されており、その手続きによって議論が規制される。それに対して、前者は、問題の解決というよりも問題の発見やその公共的な争点化を志向するインフォーマルな公共圏である。

二つの公共圏は、まず、選挙（代表者の選出）というルートを通じてつながっている。議会を構成する代表は、選挙によって示された市民の意思を尊重することが求められる。しかし、議会での熟議には、同時に、少数者の提起する意見とその理由を積極的に代表し、意思決定がその立場から見て受容可能かどうかをあらためて検討することが求められる

（意思決定が多数意思を反映しさえすればよいのであれば、何らかの仕方で市民の意思を直接集計すれば済む）。二院制をとる議会には、さらに、第一院での意思決定を第二院における熟議を通じて再検討する役割が求められており、熟議の徹底という観点から見れば、両院の間に「ねじれ」があることは避けられるべき事態ではない。

議会が市民の意思から一定の距離をとり、制度的に帰責される意思決定に向けてそれ自身の熟議を行うことは、「多数の暴政」を回避し、意思決定をより合理的／理にかなったものにしていくためにも不可欠である（早川誠は、議会が選挙で示された多数意思から距離をとることの意義を強調している［早川 二〇一四］）。議会には、「意思」を代表するだけではなく「理由」（観点）を代表することも同時に求められるのであり、そのためには、選挙で示された民意を尊重するだけではなく、選挙以外のルートを通じて市民が提起する意見とその理由に敏感に応じる必要がある。

すでに述べたように、市民の間で積み重ねられる熟議の成果は、意思決定に携わる人々に間接的に影響力を与えることができる。それが実際の影響力をもつようになるためには一定の時間を要するとしても、たとえば男女雇用機会均等法の法制化や介護保険制度の創設のように、制度の再編を促していく力をもっている。市民が法の「作者」であることの意味は、たんに市民が実際に立法に携わる代表者を選出する権利をもつということだけではなく、議会に対して、そこで審議されるべき政策課題を提起する役割を果たすという点にある。提起される主張に広範に受容されうる理由がそなわっていれば、議会がそれを恣意的に退けることは容易ではなくなり、かりにそれを退ける場合にも、理由を挙げて応じることが求められるようになる。

†「決められる政治」と市民の熟議

熟議は、意思決定の内容をより正しいものにしていくことができるとしても、「決められない政治」を招き、政治を停滞させてしまうのではないか、という懸念が寄せられるかもしれない。求められる意思決定には速度を要するものもあり、そのすべてがそのつど十分な熟議にもとづくべきとするのはなるほど非現実的である。

熟議の観点から見て重要なのは、そのように行われる意思決定をも理由を問う空間のなかにつなぎとめていくことである。熟議の実践は、すでに行われた意思決定に対しても「事後的な」アカウンタビリティを要求する拠り所となる。

そして、すでに触れたように、時間をかけた熟議の反復が政治文化のうちに蓄積する

「理由のプール」は、速度を要する（とされる）意思決定をも制約する。法や政策の正当化理由の検討は、上位規範である憲法の諸原理を解釈する実践という面をもっており、その意味で「理由のプール」は、法や政策がどのような制約のもとでなされるべきかについて規範的な指針を与える。

†デモクラシーにおける「理由の力」

これまで、デモクラシーにおいて法や政策を正当化する理由を重視し、それについて検討を重ねる熟議の意義を考察してきた。その意義をあらためて整理しておきたい。

第一に、「理由の力」を重視する熟議は、政治過程における「数の力」や「金の力」の作用を抑制することができる。社会的・経済的な不平等が政治的なそれに変換されやすい状況にあって、その他の交渉力において劣る少数者が、不当とみなす法の改廃や、自らに過大な負荷を課す政策の転換をはかるとすれば、彼らが用いることのできるのは「理由の力」であり、それによって他の市民を動かすほかはない。

奴隷制の廃止、男女同権の確立、あるいはエコロジカルな思想の浸透などは、「理由の力」がはたらき、多数者が少数者の提起する理由を妥当なものとみなし、自らの判断を修正する用意があることを示している（古典的な例を挙げれば、奴隷貿易から富を得ていた一八世紀遅くのリバプールで、奴隷制廃止の運動をはじめたのはごく少数の者だったが、ごく短い間に大方の市民に受け入れられた）。逆に、多数者が少数者の提起する主張を十分な理由を挙げることもなく退け続け、少数者を「恒常的な少数者」（permanent minorities）の立場に押しとどめていくとすれば、デモクラシーは数による支配にならざるをえない。

第二に、政治的な意思形成において理由を検討することが重要なのは、空間的にも、また時間的にも、自分たちの利益を排他的に優先する内部最適化を避けるためである。その意思形成過程において、外部の人々――国内の制度を共有しない人々、将来の人々――は、行われようとしている意思決定の影響を被るとしても、自らの意思を表明しうる立場にはない（重度の知的障碍をもつ市民やある種の苦痛を感じる動物もまたそうである）。そうした人々の立場に立つときにその意思決定が受容可能であるかどうかを推論すること――「理由」を代表する（再－現前化する）こと――は、その「意思」を代表することが不可能な人々との関係において不可欠である。

第三に、民主的な意思形成－決定過程において理由を重視することは、社会の（再）統合をはかっていくうえでも重要である。市民が、自らの私的利益に反する法や政策に従う

（内発的な）動機づけをもちうるのは、それらを支持する理由を――自らにとってはかりに「合理的」ではないとしても――他の市民との関係において「理にかなっている」とみなすときである。

†どのような理由が力をもつのか

市民が法や政策を正当化する諸理由を検討するとき、どのような理由が妥当なものであるかは、何が問題になっているのかに依存する。市民に平等な地位を保障すべき規範の正しさに関わっているのか（道徳的理由）、市民が集合的に追求すべき目標の望ましさ（善）に関わっているのか（倫理的理由）、それともある集合的目標を追求するうえでとられる手段の効率性に関わっているか（実用的理由）の違いに応じて、理由の検討にも違いが生じてくる（この区別は、Habermas 1992 にしたがっている）。

これらの理由は同じ平面にあるわけではないということに留意したい。いかに多くの人々に物質的な利益や安全の強化をもたらしうる政策を支持する理由であっても、それが基本的な諸権利の平等な享受を損なうならば、その理由を妥当なものとみなすことはできないし、同様に、いかに経済的に見て効率的な政策も、それがコミュニティの破壊や環境のさらなる悪化を招くものだとすれば、それを支持する理由は疑問に付される。

こうした諸理由間の優先順位は、市民が諸価値の間にどのような関係を設定するかに依存しているし、明確な優先順位をつけられない関係もたしかに存在する。とはいえ、理由の検討とは、まさに、どのような価値を優先すべきかについての検討でもあり、諸々の理由の水準を区別していくことは避けられない。

ごく大づかみに言えば、何らかの法や政策がある市民に対して不正とみなされるような帰結（重大な権利の侵害など）を及ぼしかねない場合、正‐不正の判断をめぐる道徳的理由が優先されなければならない（「北海道旧土人保護法」、「らい予防法」、「優生保護法」などは、この道徳的理由の検討を蔑ろにした事例である）。

そして、それに次いで優先されるのは、その政策目標を追求することが社会の公共的利益にかなっているかどうかを判断する、倫理的理由である（「リゾート法」は、環境を破壊するだけではなくその維持に莫大な経費のかかる「ハコモノ」を残したし、諫早湾堤防の建設などに見られるように大規模公共事業はその理由において薄弱なものが少なくない）。

効率性（実効性）の判断にかかわる実用的理由は、通常は、他の理由に優先するものではないが、実用的理由の検討も軽視されてよいわけではない（原子力発電はエネルギー源として低コストであると言われ続けてきたが、そうではないことが明らかとなった)。

†正当化理由とその検証

何らかの法案や政策立案が示されるとき、それが何らかの正当化理由をともなわないということはない。富裕層にとって有利な税制が提案されるときには例の「トリクル・ダウン」(上を豊かにすればやがては下も恩恵を受ける)が挙げられ、軍備を増強する政策が打ち出されるときには「抑止力の強化」が、犯罪の厳罰化が推進されるときには「被害者感情」が、法人税減税の場合には「国際競争力の強化」が、公共事業を展開していく場合には「地域活性化」がもちだされる。

これまで政策形成において重視されてきた理由が妥当であったかどうかは、過去を振り返ることによって、ある程度まで検証することができる(逆に言えば、批判的な検証を怠れば、同じような理由によって欺かれることになる)。自由な働き方を促すとされた労働政策は労働者に自由をもたらしてきたのか、地域を活性化するはずの事業は持続性のある雇用を地方に創出し、過疎化を食い止めてきたのか、国際競争力強化のための政策は雇用を創出し、国内の経済を活性化する役割を果たしてきたのか。

まずは政策とそれを正当化してきた諸理由を実用性の観点から検証することができる。そしてそれに加えて、政策の副次効果をも含めて、倫理や道徳の観点からも検証を加える必要がある。「原子力の平和利用」(atoms for peace) を推進した政策は、経済合理性の観点からだけではなく、環境への負荷やそれが生みだすリスクの影響を被りうる人々の立場から見て受容できるものなのかどうかという観点からもあらためて検証される必要がある。同様に、「ナショナル・プライド」を喚起しようとする教育政策は、過去に深刻な危害を加えられた人々の立場から見て受容できるものなのかどうかを問わなくてはならない。そうした事柄について理由を再検討することは、今後の法や政策を合理的かつ理にかなったものにしていくためにも、避けられるべきではない。

†熟議の理想理論と非理想理論

熟議デモクラシーの構想に寄せられる批判は、現実の政治過程においては、「金の力」や「数の力」を排除することはできず、「理由の力」だけが交渉力となるような議論は不可能である、そもそも包摂性と対等性といった条件も現実の意見交換においては得られない、というものである。

こうした条件が充たされない非理想的な状況において熟議はどのようなかたちをとりうるのかについてはすぐ後に述べるとして、まず、これらの条件を充たす理想的な熟議がどのような役割を果たしうるのかについて考えてみたい。

まず、理想的な熟議は現実とは無縁のものという意味での「理想」ではないことを確認しておきたい。「金にものを言わせる」、「数で押し切る」といったなじみの表現は、「金の力」や「数の力」に訴えて意思形成・決定が行われるべきでないという規範へのコミットメントを示しているし、「勝手に決めないで」という表現も、決定によって影響を被るステイクホルダーを意思形成過程から排除すべきではないという規範的判断を示しているし、あるいは「丸め込まれた」という表現は自分から納得したのではなく操られたという批判を表している。

包摂性、対等性、理由以外の力の排除、誠実性（欺瞞の排除）といった理想的な熟議の条件は、ハーバーマスが強調するように、私たちが真剣に話し合って相互の了解をはかろうとする際にはつねにコミットしている規範を表すものであり、現実からかけ離れたものではない（Habermas 1984）。

こうした条件を充たす理想的な熟議は、現実に行われる意見‐意思形成の歪みを検出する基準として作用する。たとえば、明らかにある人々にとって不利な意思決定が行われる場合、当事者が意思形成過程から外されていなかったかどうかが批判的に検証されるだろう。また、ある人々にとって明らかに有利な決定が導かれた場合、そこに何らかの癒着がなかったどうかが問われる。

理想的な熟議は、このように、現実に行われる意思形成を市民自身が反省的にとらえ返すための参照基準を与える。現実のコミュニケーションは参加者による実際の受容を見込めそうなものに端から傾き、（一見そう思われないとしても）受容可能であるものが視野から失われることがある。理想的な熟議を参照することは、現実の条件として自明視されている事柄から距離をとり、異なった視点からそれをとらえ返すチャンスを市民に提供する。

理想的な熟議は非理想的な条件のもとで行われる熟議に対してこのような役割を果たす。しかし、現実の熟議においてつねにそれを反映すべきモデルとして理想的熟議を位置づけるなら、現実の熟議は過剰とも言える負荷をかかえることになり、議論を進めるうえでむしろ障害となるかもしれない（Estlund 2008）。

現実の非理想的な条件のもとで熟議を考えるときには、たとえば直接行動などそれ自体としては熟議的ではない活動が、提起されている政策が十分な検討を経ないまま推し進められるのを阻止し、その政策の是非をめぐる公共の議論（正当化理由の検討）を喚起することの意義を重視する必要があるだろう。このように非熟議的な要素をも含めて政治過程全体における熟議の質に注目しようとする近年の議論に「熟議システム論」と呼ばれるアプローチがある（Dryzek 2012, Masbridge et al. 2012; 田村 二〇一三）。

このアプローチは、直接行動や社会運動に加えてメディア、利益団体そしてミニ・パブリックスなどもシステムの構成要素とみなし、それらの間の相互作用をとらえようとする点で、個々の熟議の場にのみ注目してきた従来のアプローチにくらべて優れてはいる。ただし、逆に多様な要素を包含するため、マクロな政治過程において、何が熟議の質を向上させ、何がそれに負の作用をもたらすかを誰がどのようなやり方で評価することができるか、といったさらに検討を加えるべき課題を残している。

4 マス・デモクラシーと熟議

†マス・デモクラシーにおける市民

言うまでもなく市民は、政治過程にあって熟議にのみ携わるわけではない。というよりも、マス・デモクラシー（メディアによって媒介される不特定多数による意見‐意思形成）にあっては、それとは異なったコミュニケーションが大半を占めているといっても過言ではない。熟議が、参加者間の対称性、発話の相互性、対面的な人称性によって特徴づけられるのに対して、そこでのコミュニケーションは非対称的、一方向的であり、しかもさまざまなメディアによって媒介されるものである。そこでは、話者と聴衆は分離しており、対話というよりも、不特定多数を対象とするコミュニケーションの様式がより大きな役割を演じる。

ここでは、とくにレトリックの作用に注目したい。政治的な空間における言葉の力は

「理由の力」に還元されるものではなく、注目《アテンション》を喚起し、感情に訴える言葉が人々の心を誘引する力をもっているからである。

†レトリックの使用

単純化して言えば、熟議が、他者が受容しうる理由を示すことによって、その推論にはたらきかけるのに対し、レトリックは、他者の注目と感情を喚起する言葉によってその心を動かそうとする。レトリックにおいては、何が語られるかだけではなく、誰によってどう語られるかも重要である（アリストテレスの言葉を用いれば、「ロゴス」〔発話内容の論理〕とともに「パトス」〔聞き手に訴える感情〕や「エトス」〔話者の徳性〕が同時にはたらく〔アリストテレス 一九九二〕）。

マス・デモクラシーにおいては、レトリックの使用は不可避であるだけではなく、不可欠でもある。熟議を通じて形成された意見も、レトリックを用いなければ、広く市民の関心を呼び起こしていくことはできない。したがって、それは、政府によって用いられるときだけではなく、市民によって用いられるときにも、できるだけ多くの人々の注目を惹き、その支持を得ようとする戦略的な関心と結びつく。

レトリックは、たとえば、階級対立を回避し国民を一つにまとめようとする関心に沿って（B・ディズレイリの"one nation"）、権威主義体制に抗して労働者をはじめ市民の団結を促すために（ポーランド連帯運動の「連帯」）、核エネルギーの開発と保有に対する市民の同意を得るために（「原子力の平和利用atoms for peace」）、フロンガスが大気に及ぼす影響への注目を促すために（「オゾン・ホール」）、あるいは環境問題に対するキリスト教右派の関心を惹くために（アメリカ民主党による「創造creation」）、移民排斥の運動を展開するために（フランス国民戦線の「フランスをフランス人に」）用いられる。「自己責任」も、新自由主義的なイデオロギーの受容をはかるために用いられてきたレトリックの一つである。

近年の日本の政治においては、「自民党をぶっ壊す」、「コンクリートから人へ」、「新しい公共」、「ねじれ」、「決められる政治」などもある程度功を奏したレトリックの用例である。レトリックは政治家だけが用いるわけではなく、たとえば最近の「保育園落ちた日本死ね!!!」は、待機児童問題への対処を迫るうえで効果的なレトリックだったといえるだろう（それに続く「どーすんだよ私活躍出来ねーじゃねーか」は、文字どおり「一億総活躍社会」という政府のレトリックを逆手にとっている）。

レトリックは、人々を一つの集団に結集し、その内的な凝集性を高めるためにも、逆に、対立している諸集団、あるいは対立し合って当然とみなされる諸集団を架橋するためにも、立場や要求を異にするさまざまな集団から一時的な支持を引きだすためにも、強力なリーダーシップや変革への意欲を人々に誇示するためにも用いられる（Dryzek 2012）。

レトリックやシンボルは、市民の関心を喚起し、その積極的支持を得る、つまり市民を動員するためには不可欠であり、それらの作用を政治過程から排除することはできない。E・ラクラウが分析するように、それらは、異質な（客観的に見れば競合するはずの）諸要求を結びつけ――ラクラウの言葉では「等価性」の連鎖を張り（Laclau 2007）――、一時的ではあるが一つの対抗的な政治的権力を構築することができる（先に挙げた「連帯」やオバマ前アメリカ大統領の"Change!"など）。レトリックは、つねに政治の言説／言説の政治の焦点をなし、現実に人々を動かす力をもつだけに、それをいかに選択的に受容するかが市民には問われる。

†レトリックの選択的受容

ここで重要なのは、市民が戦略的な関心をともなうレトリックの使用に対してどう距離をとることができるか、である。批判的な距離が必要なのは、レトリックは熟慮／熟議による推論を喚起する場合もあるが、そうした推論から人々を遠ざけ、問題を過度に単純化する操作的な効果をもつ場合も多いからである。

まず指摘できるのは、市民は、あらゆるレトリックを無差別に受け入れるわけではなく、それらを選択的に受け入れているという事実である。レトリックとその使用者は、その意味で、つねに聴衆による批評に曝されている。強さを自己演出するために用いられる過激な物言いや断言的な主張は、人々の心をつかむうえで有効なこともあるが、自身の発言によって足許《あしもと》をすくわれることもある。対立陣営を中傷・攻撃するネガティヴ・キャンペーンが功を奏するのはあくまでも一定の限度内であり、その一線を越えると逆に聴衆の支持を失い、その離反を招く。

聴衆としての市民は、マス・コミュニケーションにおいて受動的な地位にあるものの、レトリックを選択的に受容する力をもっており、それは、たんに誰によって／いかに語られるかだけではなく、何が語られているかにも向けられている。そして、その選択的受容は、これまでの公共的推論の成果（「理由のプール」）によって支えられている（「従軍慰安婦」は戦争にはつきものであり、軍の規律を保つためには必要であったとする発言によって当時の大阪市長が勢いを失ったのも、その発言が市民の規範的な確信に抵触したからである）。

レトリックの使用は、このようにつねに市民の批評に曝されてはいるが、それでも、その危険性を軽く見積もることはできない。それは、政治的選択の幅や方向性を大きく規定することによって、市民の問題認識や政治的判断にバイアスをかけるし、市民がいだく現状への不満を特定の「敵」に向けて動員するために利用され、少なくとも短期的にはその戦略が成功する場合がある（"welfare queen"［黒人の福祉依存者］に対して"white angry men"［白人の勤労者］を動員するキャンペーンなど）。

マス・デモクラシーにあって、複雑な背景をもつ事柄を過度に単純化し、白黒をつけて外部にある何かに問題の原因を帰す言説が力をもつことは避けられない。移民や難民の一部がテロリズムを行えば、移民を排斥し、難民の流入を防ぐ壁を築くことが即効性のある解決策として多くのひとにアピールするだろう。（宗教的）アイデンティティの毀損、「二級市民」としての扱い、人生の展望をもてないような状態への放逐など、テロリズムの理解には、その複雑な背景についての多面的な認識が必要であるにもかかわらず。

†熟議と感情

誤解されることもままあるが、熟議は人々がいだく感情を排除するわけではない。むしろ、人々が示す感情反応は、反省以前のものであるとしても、制度や政策が妥当なものであるかどうかを検討する熟議にとって重要な要素である。

というのも、怒りや憤慨あるいは悔しさや悲しみといった感情は、正当と考えられている規範的期待が損なわれることによって生じるからである。たとえば、何らかの属性（人種やジェンダー）ゆえに差別的に扱われるとすれば、そこから生まれる怒りは、市民としての平等な尊重という規範的期待が損なわれたという判断をともなっているし、シングルマザーが懸命に働いているにもかかわらず困窮し、子どもたちが十分な栄養をとることもできずに放置されている状態を知れば、そこから生じる憤慨は、人間として当然充たされるべき必要が充たされていないという規範的な判断をともなっている。その意味で、人々の感情反応には「理」が含まれている。

もちろん、すべての感情が正当な規範的期待の毀損を表しているわけではなく、それを表すすべての感情が理にかなっているわけでもない。たとえば、人種や性的指向を異にする人々への嫌悪や移民に向けられる憎悪は、そうした感情をいだく人々にとっての規範的期待の毀損を表しているかもしれないが、それが正当なものかどうかはまた別の問題である。とはいえ、人々の示す感情は没理性的なものではなく、何らかの理由を含んでおり、その理由が受容可能なものかどうかについて検討することができる。

人々の感情反応が表す規範的期待が受容可能なものかどうかは、熟議において問われることになる――感情は集計にはなじまない――が、そこでは、感情がそれに照らして解釈される社会規範それ自体が妥当であるかどうかについても問い直される。というのも、どのような事柄に注目と関心が触発されるかにはつねにバイアスがかかっているし――たとえば、貧困を自己責任と結びつける見方が一般的であれば困窮と結びつく感情に対する反応は鈍くなるだろう――、また、広範かつ強力な感情の共鳴が現に生じていれば、それに抗して規範的期待が正当なものかどうかを検討することはそれだけ困難になる恐れがある（テロリズムが惹き起こす反移民感情、犯罪被害者や遺族の示す報復感情など）。

規範の正しさをめぐる理由の検討は、人々によって共有される規範的期待にも影響を及ぼす。たとえば、ＤＶや各種のハラスメントが不当であるとする判断がしだいに定着するようになれば、その判断にもとづく感情反応が生じるようになる。妥当な理由の共有は、人々がいだく規範的期待を変え、その変化が定着するようになればそれに応じて感情反応もまた変化していく。Ｍ・ヌスバウムが指摘するように、あらゆる感情が言説によって構成されるわけではないが、たとえば「嫌悪」のような人間本性に深く根ざす感情――身体から流出するものやその腐敗・衰弱に対して向けられる感情——にしても規範的な判断と分かちがたく結びついている（Nussbaum 2013）。

†感情の向かう回路

人々の感情反応を熟議を含む民主的な政治回路によって受けとめることが重要なのは、それがどのような方向に向かうかがあらかじめ定まっていないからである。平等な尊重が損なわれたという負の経験は、同様の経験を被っている人々との対話や連帯の形成を導き、制度の妥当性を問い直していく回路に接続していくかもしれないが、閉鎖的な集団の形成に向かったり、また他の市民による応答をあきらめ、アパシー（無感情）に解消されていく場合もある。すぐ後で見るように、それは、交渉力を欠く集団や抵抗力の弱い人々に向けて否定的な感情を投射する方向にむかっていく場合すらある。

この点に関しては、とくに憤懣《ふんまん》の感情に注目したい。これは、何らか特定の規範的期待が損なわれたというよりも、各人がそれぞれ経験するフラストレーションやストレスとも絡み合ったより複合的な感情であり、充たされない思いを抱えながらも、どうすればそれを惹き起こしている問題を解決しうるかを見通せないときに生じる。

憤懣は、現状に対する「否」の感覚を含んでおり、W・E・コノリーが見るように、現状を改革しようとする民主的なエネルギーの源泉ともなりうる（Connolly 2008）。しかし、民主的に問題を解決していくための回路が閉塞し、展望が見出しがたいと感じられる場合には、この感情は、私的に抱え込まれるか（いわゆる「癒やし」はそれに対する個人的な対応策である）、政治的に動員され、特定の人々を標的として投射されることがある。その標的とされるのは、ほとんどの場合、民族的・宗教的その他の少数者、憎悪を投げつけても自らを咎めなくてもすむ既得権の受益者とみなされる者、多数派の価値観に照らして特異／異常とみなされるような生き方を志向する者などである。

特定の集団を否定的に特徴づけることは、現状に抱かれる人々の不満を逸らすために用いられる政治の常套手段であるが、アリストテレスが指摘するように、感情の投射それ自体にある種の快楽がともなうがゆえに、憤懣の感情は、何らかの標的をつねに待ち受けているとも言える。もちろん、そのようにしたところで、当の憤懣を引き起こしている諸問題が消えて失くなるわけではないが、「悪」を局在化してそれを叩くことは複雑でエネルギーを要する政治過程に関与するよりもはるかに容易であり、それが人々をある種のポピュリズムの回路に向かわせる。

憤懣が特定の人々に向けて動員されていく回路を断ち切っていくことは、その意味で、困難な課題ではある。この感情は、さまざまな問題を「個人化する」ことを人々に強いる環境のもとで増殖する。直面する問題の認識やそれへの対応が他の市民との政治的協働へと連接していかなければ、現状への「否」の感覚が私的なものに押し込められていくことは避けがたいからである。そしてそのようにして（いったん）脱‐政治化された感情は、しばしば過‐政治的な回路、つまり、暴力的な回路になだれこむことがある。

とりわけ公的な制度やその運用によって不当な扱いを受けているのではないかという「不正義の感覚」（J・シュクラー）の表明は、すべての市民に対する平等な尊重を可能にし、それを保障するものとして制度を維持していくうえで不可欠の機能を果たす。しかし、それは、他の市民による応答や共鳴がなければ（あるいはそれを期待することができなければ）、アパシーや否定的な感情投射の回路に接続していくほかかない。

不正、不当と判断しうる事柄もそれがごく見慣れた風景になれば、他の市民の注目を惹くことも難しくなる。このような負の循環を避けようとすれば、感情とそれが示す規範的期待に対して理由の検討をもって応じていくことは、制度をより不正義のないものにしていくためにも重要である。

5 政治参加と代表の諸形態

†選挙以外の代表のルート

選挙を通じた代表は民主的な正統性を確保するうえで最も重要なルートであるが、それが代表のルートのすべてではない。市民の意見や観点は、それ以外のさまざまな形態においても代表されうる。

街頭でのデモや「占拠《オキュパイ》」などの直接行動、抗議の署名活動、パブリック・コメントなどはそれぞれの仕方で市民の意見を代表していると見ることができる。組織された利害を代表するいわゆる「利益集団」だけではなく、貧困問題、環境問題、移民・難民問題などに取り組むさまざまな社会運動、アソシエーションとして活動するとともに政策課題を提起するNPOやNGOも、幅広い市民の意見（観点）を代表しており、それらを集約ないし増幅することを通じて、公衆の注目や議論を喚起している。これらは、フォーマルに選出された代表ではないが、議会によっては十分には代表されていない意見や観点を代表する機能を現に担っている。

先に取り上げたミニ・パブリックスと呼ばれる熟議の制度もそうした代表の一形態である。審議会や諮問機関への参加（市民代表の選出は公募とすることもできる）を通じて意見を表明することも代表の機能をもっている。ジャーナリズムもまた代表の機能を担っていることは言うまでもない。

たしかに、このような代表の形態にはフォーマルな意味での民主的正統性はないが、そのようにして代表されるさまざまな意見が民主的正統性とは無縁な雑音《ノイズ》にすぎないかと言えばそうではない。I・M・ヤングやJ・ドライゼクが指摘するように、デモクラシーにおいて代表されるのは、人や集団とその利害だけではない。公共の事柄をめぐる多様な意見や言説、そして周辺化され、排除されがちな集団のパースペクティヴもまた代表を必要としている（Young 2000, Dryzek 2012）。

民主的な政治過程において、市民によって提起される異論は、既存の意思決定の（ありうる）誤りを正すフィードバックを作動させるものである。選挙と選挙の間に急浮上した争点をめぐって組織される直接行動は、政府（および多数派政党）の政策に対する明確な異論を代表していると考えられる。異論は、政策の誤りを指摘するという点で認知的な生産性をもっており、それを端から退けるような対応は、異論に応答することを通じて政策を正当化するというアカウンタビリティを果たすことができないだけではなく、その生産性を活かすこともできない。

近年では、二〇一一年の福島第一原子力発電所の事故をきっかけとして持続的に展開されてきた原発再稼働反対のデモ、二〇一五年の集団的自衛権行使を容認する安保法制に反対する直接行動が注目された。また、社会的・経済的格差の拡大に抗議する「オキュパイ・ウォールストリート」の運動(二〇一一年)は世界各地に波及し、その後、台湾の立法院占拠、香港のオキュパイ・セントラルを触発していった。

もちろん、ヨーロッパ各地に広がっている移民排斥の運動も直接行動の一つであり、どのような異論を妥当なものと判断し、その主張に共鳴するかは、他の市民がどう判断するかにかかっている。その意味で、直接行動がどのような政治的影響を及ぼすかもまた、市民の熟慮/熟議から切り離して論じることはできない。

いずれにしても、そうした「街頭公共圏」を形成する直接行動は、そこに集っている一部の者の意思を表明しているだけではなく、それに共鳴する多くの市民の意見を代表するものとしてとらえる必要がある。

議会という代表の制度がそれだけで民主的な正統化の機能を担おうとすれば、それは市民のあらゆる関連する観点を代表しえていなければならないことになるが、それはとうてい不可能であろう。この点から見ても、議会が担う代表は、他のさまざまな代表によって補完される必要がある。民主的な正統性の源泉は多元化しており、議会によって独占されるわけではない。

†デモクラシーの諸形態

いま手短に言及した直接行動は、市民による政治参加（参加デモクラシー）がとりうる一つの形態である。参加デモクラシーは、間接デモクラシーだけではなく、直接デモクラシーからも区別されるデモクラシーの形態であり、この区別についてごく簡単に触れておきたい。

「間接デモクラシー」（代議制デモクラシー）は、市民が、立法に直接携わる代表者（議員）を選出するものである。この形態のデモクラシーにおいては、市民は、間接的に法の「作者」としての位置を占め、選挙を通じて自らの意思を表明する。他方、「直接デモクラシー」は、市民が何らかの争点／政策課題について投票を通じて自らの意思を直接表明する政治参加の形態である。全国民をユニットとして行われる「国民投票」（referendum）と特定の地域（自治体）において行われる住民投票がその形態である（二〇一六年六月にイギリスが国民投票によってEUからの離脱を決めたことはまだ記憶に新しい）。

住民投票は一九九〇年代後半に全国各地で行われ、大きな成果を収めた。九六年の新潟県巻町、九七年の岐阜県御嵩町、九九年の徳島県徳島市の住民投票がその代表的な例である。それぞれにおいて争点となったのは、原発の建設、産廃処分場の設置、河口堰の建設であり、住民投票の実施によって国策として進められてきた事業に待ったをかけ、その見直しを迫った。

これらの住民投票の場合、投票に先立って、集中的に学習と意見交換が行われたことに注目すべきである。そうした学習過程、討論過程がない場合には、むしろ直接デモクラシーは、アメリカ合衆国における住民発案（プロポジション）にしばしば見られるように、「金の力」を用いたキャンペーンの影響を被ることも多い。

直接デモクラシーは、市民が自らの意思によって直接――議会を媒介せずに――意思決定に関与するものであり、技術的には「分人民主主義」など、そのより洗練された形態も構想されている（鈴木 二〇一三）。ただし、直接デモクラシーには、集計される市民の意思が熟慮ないし熟議を経ているという保証がないだけではなく、それが市民による直接の決定であるだけに、その誤りを正していこうとする際のハードルも高くなるという難点がある。

†参加デモクラシーについて

間接デモクラシーや直接デモクラシーの場合、市民が政治に関与するルートとしては投票というフォーマルな制度が想定されており、市民は最終的には自らの意思（賛否）をこの制度を通じて表明する。これらとは対照的に、参加デモクラシーは、政策への入力《インプット》、その出力《アウトプット》の両局面において、政治過程に影響を及ぼそうとする市民のあらゆる活動を指す。市民による政治参加は、審議会への参加など制度的な形態をとることもあるが、そのほとんどは、市民社会においてインフォーマルな形態をとって行われる。

二〇世紀後半の参加デモクラシー論では、「参加」は「代表」とは対立する意味で、つまり、市民が政治に関与する機会が事実上一部の者（議員を主とする政治家）によって独占されていることを批判する意味合いで用いられていた。主要な論者のひとりであるC・

ペイトマンは、市民の政治的役割を選挙（代表者の選出）に限定することによって政治の合理性を確保しようとしたJ・シュンペーターらの議論を批判し、政治参加の広範な経験が市民の政治的力量を涵養することを強調した（Pateman 1975）。

この議論では、「代表」はフォーマルな意思の代表の意味に還元され、選出されるのではないさまざまなアクターによる代表――観点や言説の代表――という意味合いが薄れてしまう。参加デモクラシーは、フォーマルな代表とも連携すべきものであり、両者は相互に背反するものではない。

†「行政参加」

市民の政治参加は、これまで主に立法過程への参加と結びつけられて考えてきた。その意味での政治参加や司法参加（裁判員制度・検察審査会制度）の意義は語られるものの、市民と行政との関係に関しては、法の執行や政策の実施などに対する（行政オンブズマンらによる）批判的監査、つまり出力の局面におけるモニタリングの活動のみが語られてきたとも言える。

今日、多くの政策形成が、議会というよりも政府によって、少なくとも政府の主導のもとで行われているのは事実である。行政が立法に対して事実上優位を占め、政策形成－決定を独占しがちな傾向は、近代国家が誕生して以来の潜在的傾向であり（大竹二〇一二－一四）、近年の日本においてもこの傾向が再び顕在化してきている。

いま述べた点については、「主権とは立法権であるという建前があるために、主権者たる民衆は行政による決定プロセスから排除されている」とする指摘がすでにある（國分二〇一三）。主権は市民による自己立法にあると考えられるかぎり、実際に多くの決定を行っている政府（行政）に市民が事実上アクセスできなくても、デモクラシーは成り立っているとみなされてしまう、という批判である。したがって、その実態に即して、議会（立法権）以外のさまざまな制度的ルートを通じて政府（執行権）による政策形成とその実施に市民が実効的に関与できるようにすべきであると主張される。

実際に挙げられる行政参加の制度は、もっぱら自治体を念頭においたものであり、審議会への参加、パブリック・コメントへの参加、住民投票の実施などである。議会以外にも民主的統制のルートを制度的にもつくりだし、それらを活性化していくことはもとよりその実効性を高めるのに役立つだろう。

†「議会主義」の擁護

先に述べたように、立法権を執行権に優位させる制度は、議会に対する政府の事実上の優位という近代国家の趨勢に抗するためにつくられたものである。政府による権力の濫用を抑制し、それを「法の支配」のもとにおきつづけるために、議会が担うべき役割は依然として大きい。

立法や政策を正当化する理由を政府から引き出す「行政公開」において最も重要な役割を果たすのは、批判的なジャーナリズムとともに議会である。M・ヴェーバーが、第一次大戦後のドイツの新たな政治秩序にとって不可欠と考えたのは、「行政公開」の権限をもち、それを駆使するという点で文字どおり「働く議会」(ein arbeitendes Parlament) を構築することだった (Weber 1918)。議会とその委員会に、調査権や質問権を行使し、政府にアカウンタビリティを果たさせるのに十分な権限を与えることが、ビスマルク独裁のもとで衰弱したドイツの政治を再生しようとするヴェーバーが示した指針だった。

質問権や調査権は一般の市民がもちえない強力な権限であり、議会のメンバーにその権限を実際に行使させることは、現代の日本における民主的統制という観点から見て決定的に重要である。というのも、議会に対する政府の優位がいままた強化されつつあるからである。

小選挙区制度や政党助成金あるいはマニフェスト――これは市民との約束だけではなく各政党の幹部がその議員を拘束するという側面をもっている――などによって政党リーダーに権限が集中する場合には、そのリーダーが政権の座に就くときには、「選挙独裁」(elected dictatorship)とも称されるような強大な権力をもつことになる(この場合、事実上立法権と執行権が融合することになる。ちなみに、これはカントが「専制」と呼んだ政治体制である)。たしかに、市民は、数年後の選挙によって、政府のパフォーマンスを総括的に評価し事後的に統制を加えることができるとしても、それには明らかな限界がある。議会は、選挙と選挙の間にフォーマルな民主的統制を加えることのできるほぼ唯一の機関であり、その統制が空洞化しないようにすることはきわめて重要である(いまの日本の議会には政府の意向をくみ、それに付き従おうとする逆の傾向が見られる)。

C・シュミットは、議会における討論が空洞化している同時代の現実を見て、議会主義それ自体に死亡宣告を下したが(Schmitt 1923)、議会による行政統制が機能しなくなれば、政府とそれに追随する議会多数派の暴走をくい止めようとする際、市民社会に大きな負荷がかかることになる。

　議会による行政統制の役割は、政府と市民社会・市場の協働という新たな統治様式を考慮に入れる場合にも重要である。もちろん官民協働に対しては、それに参加する市民自身がモニタリングの役割を果たすこともできるが、それには限界がある。議会は、そうした協働が公正に行われているかどうか（癒着や腐敗が生じていないか）、民主的統制にとって必要な情報がたとえば企業秘密を盾に秘匿されていないかどうかをチェックする役割を担っている。議会での審議には、裁判所など他の制度にはない「透明性」（何が論じられているかを公的に知りうる）という特性もあり（Waldron 2016）、それは、市民自身が行使する民主的統制にとっても貴重である。

　このように議会による行政統制は、政府の活動に対する民主的統制の根幹をなしている。それに加えて、議会が政策形成‐決定の局面においても重要な位置をしめていることは言うまでもない。議会は、フォーマルな代表者として制度上帰責できる決定を行うとともに、選挙を通じて示される市民の意思だけではなく、選挙以外のさまざまなルートを通じて代表される意見や観点に対して、選択的であるとしても、応答が返される場である。代表者たる議員は、必ずしもすべての市民を代表するわけではないが、すべての市民に対してアカウンタビリティを負っている。

†市民の政治的協働

この第Ⅲ部では、私たちが市民として、政治過程、とりわけ民主的な意見－意思形成過程においてどのような立場を占め、どのような役割を果たしうるかについて述べてきた。その際とくに法や政策を正当化する理由を検討することの意義を強調した。

熟議を求めるこの議論に対しては、市民にとって要求度が高すぎるのではないかという批判が当然寄せられると思う。生計のための仕事があり（あるいは何とか職を見つけださなければならず）、ケアを提供すべき幼児や高齢者をかかえ、十分な休息をとることもままならず、自分の生活の面倒を見るだけでも精一杯というのがたしかに多くの人にとっての実情だろう。市民として意見を形成したり、活動するための政治的資源はその意味で稀少であることは否めない。個人としての市民が関与できる問題はごく限られているし、そもそも何を重要とみなすかについても「アテンションのエコノミー」（何にどれだけ注目するかに関する節約）がはたらいている。

しかし、市民の間に形成される政治的協働を全体としてとらえれば、市民たちは、実際に、多くの問題を重要なものとして受けとめ、それらにさまざまな仕方で取り組んでいることが分かる。

ある市民は、たとえば原発の再稼働や輸出に抗議し、それを撤回させるための活動をしているし、ある市民は、外国人の政治的権利の法的承認に向けて活動している。また、難民・移民に対する政府の入管政策を批判したり、各地でいわゆる「限界集落」の問題に取り組んでいる市民もいる。憲法、教育、貧困、労働、ジェンダー、性的指向、歴史認識、安全保障、障碍、出生前診断、環境などじつに多くの政治的問題をめぐって市民はさまざまな活動に携わっている。それに取り組んでいる市民には、もちろん時間等の資源や交渉力の点でより恵まれた人々もいるが、すべてがそうであるわけではない。

個々の市民が政治に関与していくために用いることのできる資源には限りがあるとすれば、それらを市民の間に形成される政治的協働にどう活かしていくことができるかを考える必要があるだろう。ここでは、観察者としての政治参加、政治的活動と社会的・経済的活動の複合にごく簡単に言及したい。

†観察者（観衆）としての政治参加

市民による政治参加は、行為者（actors）としてかかわるのか、観察者＝観衆（spectators）としてかかわるのかという二つの側面に区別して考えることができる。

行為者が、政治のアリーナにおいて法や政策に対する異議申し立て、議員等への働きかけ、争点の形成や政策課題の設定などに能動的に携わるとすれば、観察者（観衆）は、いわばギャラリーの位置から、そうした活動に対して評価や判断を示したり、間接的にそれを支援することができる（行為者と観察者との区別はあくまでも分析的なものであり、観察者による意見の表明は行為の一種である）。それは、他の市民による行為を政治的協働にとっての重要な貢献としてとらえ、そうした活動に反応を示し、それをサポートすることである（もちろんある種の行為に対して否定的な評価を示すことも含まれる）。

街頭やネット上での署名、各種ソーシャル・メディアを通じての情報の拡散や意見の発信、パブリック・コメントへの参加など、自らの意見を公表することは限られた時間でも可能であり、もしその余裕があれば、自らの支持する活動のために金銭的な支援を行うこともできる。たしかに、政治的な影響力という点で実効性をもつのは、オンラインでの活動などさほどのコストをかけずに済む活動ではなく、それなりの労力をかけた組織的・持続的な働きかけであることはたしかである。しかし、それでも自分が何に関心をもち、それをどう見ているのかを他の市民に伝える実践の反復は、政治文化の質を変えていくことができる。

観察者といえども、まったく孤立した状態で自らの判断を形成しているわけではなく、メディアによって伝えられる情報や意見に接したり、日々の会話を通じて、理由を検討する（熟慮の）機会を得ている。そうした検討を通じて、観察者は、ある理由を納得のいくものとして受け入れ、またある理由をそうではないものと考え、それを退ける判断を日々再－形成している。先に用いた言葉を使えば、観察者も、「理由のプール」を政治文化に蓄積する役割を現に果たしている。普段はそれとして明示されることはないとしても、その判断の表明は、規範的判断の変化を政治文化に定着させていくという、大きな役割を担っている。

†政治的活動と他の活動の複合

人々はまた、消費や預金・投資などの日々の経済活動を通じて、市民としての規範的判断や選択を示すこともできる。

商品やサービスを選択する際、私たちは、品質や価格あるいはデザインだけで判断するわけではない。明らかな「ブラック企業」であることが分かれば、その企業の商品を買うことにはためらいが生じる。商品やサービスを供給している企業がその内部／外部においてどのような行動をしているかについて、たとえば雇用や昇進に際して女性に対する差別はないか、環境に過大な負荷をかけない努力を払っているか、海外の生産拠点で現地の労働者をどのように処遇しているかなどについての情報と評価が得られるならば、自らの消費行動を通じて市民としての判断を示すことができる（どのような商品や投資先を選択すべきかについては、たとえば“Shopping for a Better World”のようなガイドもある）。フェア・トレイドやＮＰＯバンクなども、商品や投資先の選択を市民が自らの判断にもとづいて行うことを可能にし、それを促す制度である。

たしかにこのような選択は一定の経済的余裕を前提とするものであり、そうした余裕がなければごく限られた選択肢のなかから選ぶほかはない。その意味で、社会的責任消費や投資はすべての市民に可能なわけではない。

いま述べたのは、政治的な活動と経済的なそれが重なりあう例であるが、政治的な活動は社会的な活動とも複合する。たとえば、貧困世帯の子どもたちに対する食料支援（子ども食堂やフードバンク）や学習支援、あるいはDV被害者や被虐待児童の保護などの社会活動は、サービスや労力の提供に終始するわけではない。それらは、問題の発見（再確認）やどのような政策が急を要するかについての意見形成やアドボカシーをともなっている。演劇ワークショップには、文化的な活動としての側面もあるが、個々の参加者の経験と社会的な問題への認識を結びつけるという面から見れば政治的である。

このように市民の政治参加は、投票やデモへの参加、あるいは議員への働きかけなどに限定されるわけではなく、経済的、社会的あるいは文化的な活動を通じても、自らの判断や評価を示すことができる。狭い意味での政治的回路だけでは、参加したことに意味があったという政治的有効性の感覚が得られないこともある。政治的な活動と経済的、社会的、文化的なそれとを結びつけていくことはその点で有効である。

政治参加がたんに時間とエネルギーを費すだけの、消耗的な活動ではないという経験を多くの市民に拡げていくためには、「投票箱以上の公共的空間」（H・アーレント）をさまざまなかたちで制度化していく必要があるだろう（Arendt 1963）。これは、T・ジェファーソンやA・トクヴィルらが示したデモクラシーを活性化していくための古典的な指針であるが、それが有効であることはいまも変わりがない。

以上デモクラシーについて考察してきたが、ここで、不平等とデモクラシーとの間にどのような関係があるかについてまとめよう。

＊

†政治的自由の平等

すでに記したように、デモクラシーは、市民としての平等な地位を各人が享有できる政治体制である。この市民としての平等は、政治的な意思形成‐決定の手続きそれ自体のうちに具体化されている必要がある。デモクラシーにあっては、平等な政治的自由を市民に保障しうることが、意思形成‐決定の手続きが公正なものであるための条件である。

平等な政治的自由は、それが形式的に保障されている場合でも、社会的・経済的不平等(格差)が拡大すれば、損なわれる。選挙時のキャンペーンにおいて、政治資金が豊富であればそれだけ大きな影響力を行使することができるし、アメリカ合衆国で、富裕層が実際に政治的な意思決定に対してかなりの影響力を及ぼしていることも実証的な研究によって確かめられている（Gilens 2014）。

政治的影響力の著しい不平等は、デモクラシーの手続きが公正なものであるための条件を損なう。ロールズが、政治的自由の「公正な価値」（fair value）――これは政治的自由が形式的のみならず実質的にも平等なものであることを指す――をまもるために、選挙の公的助成や政治資金の規正の必要を強く訴えたのは、社会的・経済的不平等が政治的不平等に変換されるのを防ぐためであった（Rawls 2001, §43）。ロールズは、そうした変換を阻止するだけではなく、社会的・経済的不平等が過大なものになることそれ自体が政治的平等を脅かすと考え、格差の拡大を抑制する作用を正義の第二原理に託した。

政治的自由は、市民が、強制力をそなえた法や制度をどのようにつくり、維持していくかを左右するものであり、それが不平等なものになれば、当の法や制度を通じて、誰かが誰かの意思に服さざるをえないような関係が市民の間につくりだされてしまう。その意味で、政治的自由は政治的権力と不可分であり、その平等を維持することは、支配‐被支配の権力関係が市民の間に生じるのを阻止するうえで不可欠である。そして、そのためには、経済的格差が政治的格差へと変換される回路を政治資金の規正等を通じてふさぐだけではなく、不平等の拡大そのものを再分配を通じて抑制していくことも必要になる。

†「現状への否」とデモクラシー

デモクラシーと不平等の関係については、格差の拡大がとりわけある社会層に現状への不満をもたらし、それが近年の政治を大きく動かしているという事実も軽視できない。

グローバル化した経済は、社会の各層に非対称的な効果を及ぼしており、この二〇年ほどの間、先進国における（上位一割ほどを除く）中間層の所得水準は低下してきており（Milanovic 2011）、日本もその例外ではない。これは、先進国の富裕層と途上国の中間層の所得が大幅に伸びてきているのとは対照的である。

二〇一六年のアメリカ大統領選でも顕在化したように、先進国の中間層は、グローバル化した経済から「取り残されている」と感じており、現状に対する不満と先行きへの不安を、現状からの変化――その変化の方向がどのようなものであれ――を訴える候補への支持に結びつけた。自分たちはさらに転落していくのではないかという恐れは、ヨーロッパ諸国でも、排外主義の動きを加速させている。そして、この動きは、自分たちだけの「国民」を再び取り戻すという排他的で後ろ向きのプロジェクトをともなっている。

このように、民主的な政治は、格差の拡大が生活条件の悪化に直結している人々にとっては、「現状への否」の気持ちを表す格好の回路となってきている。その変化への期待は、取り残され、見棄てられていると感じる人々の生活条件を改善するような政策の変化を具体的に導くことがなければ、政治へのより深い失望に転じていくほかないだろう。

生活条件の悪化に歯止めをかけ、それを改善していくためには再分配政策を強化する必要があるが、その財源が広く中間層（や低所得者層）に求められるとすれば、所得の低下をすでに経験している人々が増税に抵抗しようとするのは当然とも言える（西澤由隆は、一九九三年から二〇一四年の世論調査を分析して、日本の低所得者層が保守政党を支持してきた背景には、福祉よりも減税を求めるこのような事情があることを実証している［西澤 二〇一六］）。当初分配における所得の向上がないなかで、しかも再分配政策を支持しないとすれば、生活条件のさらなる悪化は避けられない。

そして、政治的影響力が富裕層やグローバル企業に偏りつづけるならば、政治的自由の「公正な価値」を回復することはできない。こうした負の循環を脱していくためには、労働分配率を上げれば国際競争力が失われる、所得税における累進制を強化すれば成長を導くインセンティヴが損なわれるといった、よく提起される（実用的な）理由が妥当なのかどうかもあらためて問い返しながら、政治的影響力がより分散し、より対称的に行使されるためにはどのような制度の再編が必要かを真剣に考える必要がある。先に見た「財産所有のデモクラシー」の構想、つまり、事後的な保護ではなく、事前の資源の分散（教育機会の拡充を含む）をはかる制度構想は、その基本的な方向性を示しているように思われる。

†政治的影響力の行使

選挙を通じて市民が示す憤懣は、現状を変えようとする民主的なエネルギーの源泉でもあった。問題は、デモクラシーを、不満や不安を間歇《かんけつ》的に表す一時の手立てに終わらせないようにすることができるかどうか、それを低所得者や移民など交渉力に乏しい人々を叩く方向にむかわせないように再編することができるかどうかにある。

デモクラシーを選挙政治にのみ還元し、それによって選ばれた議会や政府のパフォーマンスをまた次の選挙によって評価するのが市民の政治的役割だと考えるとすれば、それは、政治不信やシニシズムをさらに助長していくことになりかねない。もちろん選挙は、市民が政治的自由を行使し、政府を民主的に統制する最も実効性のある制度の一つだが、それがすべてではない。政治的平等を損なうような影響力が日常的に政治過程に流入し、それによって意思形成－決定の手続きにも歪みが生じ、その公正さが損なわれているのが事実だとすれば、その歪みをただしていく対抗的な影響力行使もやはり日々なされるほかないだろう。

先に述べたように、政治的影響力を行使する「代表」のルートは選挙以外にも多元的に存在しており、政府や議会のみならず、企業もまた制度を通じた民主的コントロールの(間接的な)対象になる。グローバル化した経済は、所得の低下のみならず、過重労働や不安定な労働にともなうストレスや疲弊をもたらし、市民として政治的自由を行使するための余力を人々から奪ってきた。労働分配率の向上、労働時間の規制等、労働をめぐる制度や政策を再編していくことは、民主的な意思形成-決定が偏向のない、公正な条件のもとで行われるようにするための課題である。

おわりに

第Ⅰ部では、市民が享受すべき平等な立場について考え、それを保障すべき制度の役割とは何かを見た。続いて第Ⅱ部では、市民の間に平等な関係を築き、それを維持するための生活条件を保障する制度、すなわち広義の社会保障制度について考察した。

そして、第Ⅲ部では、市民が政治的に平等であることを求めるデモクラシーのもとで、市民が、共有する制度の維持・再編にどのように関与することができるかについて述べた。その際、法や政策を正当化する理由を検討する公共的な推論、すなわち熟議の意義を強調した。熟議を通じて導かれる結論は、民主的に正統であるとみなされるだけではなく、暫定的ではあるにしても、内容上もより正しいものとみなしうる。デモクラシーが、「多数の暴政」や否定的な意味でのポピュリズムに転じることなく、市民自身からの信頼を保っていくためには、多元的なルートを通じて行われる意見‐意思形成あるいは意思表明に理由の検討という熟議の契機を組み入れていく必要がある。

他の市民を平等な者として尊重し、扱うことは、他の市民に対して理由を挙げて正当化しうる仕方で主張し、行為することを求める。自らにとって合理的な判断や行為も、他の市民の立場にたった場合には受け入れがたい場合がある。他の市民もまた受容し、共有しうる理由にもとづいているときに、その主張や行為は同時に理にかなっていると見ることができる。

政治社会の制度は、市民の生き方や生活を強制力をもって規定するものである。すべての市民を平等な者として扱うためには、制度もまた理由をもって正当化される必要がある。いかにある制度が効率的であるとしても、それを受け入れがたいと判断する市民が挙げる理由が他の市民から見ても退けることができない場合、そうした制度は見直される必要があるだろう。

このような理由の検討は、ふだんの暮らしからかけ離れたものではなく、市民は、理由の検討に日々携わっている。情報交換・意見交換のネットワークである公共圏は、そのような理由の検討が行われる公共的な推論の場でもある。それは、時間的・空間的に境界をもたない。ある制度が妥当なものであるかどうかの検討は、他国の政治文化に蓄積された理由を参照しても行われるし、ある意思決定を正当化する理由の検討は、それによって影響を被る将来の人々にとって受容可能であるかどうかという観点からも行われる。そして、憲法を変えるような重大な意思決定については、それを成果として遺した過去の人々の観点から見て十分な理由をそなえているかどうかも問われる。

個々の法や政策をめぐる正当化理由の検討も、時間・空間的にひらかれた公共的な推論の一環として行われており、その意味で、どのような理由を受け入れ、どのような理由を退けるかは、何を公共の精査に耐えたものとして後世にのこしていくかにかかわっている。

参考文献

Ackerman, Bruce and Ann Alstott 1999, *The Stakeholder Society*, Yale University Press.

Anderson, Elizabeth 1999, "What is the Point of Equality?," *Ethics*, Vol. 109, No. 2, pp. 287-337.

Anderson, Elizabeth 2006, "The Epistemology of Democracy," *Episteme* 3, pp. 8-22.

Anderson, Elizabeth 2010, *The Imperative of Integration*, Princeton University Press.

Arendt, Hannah 1961, *Between Past and Future*, Penguin Books, 1977. アーレント／引田隆也・齋藤純一訳『過去と未来の間』みすず書房、一九九四年。

Arendt, Hannah 1963, *On Revolution*, Penguin Books, 1976. アーレント／志水速雄訳『革命について』ちくま学芸文庫、一九九五年。

Arneson, R. 1989, "Equality and Equal Opportunity for Welfare," *Philosophical Studies*, Vol. 56, No. 1, pp. 77-93.

Brown, Wendy 2008, *Regulating Aversion: Tolerance in the Age of Identity and Empire*, Princeton University Press. ブラウン／向山恭一訳『寛容の帝国——現代リベラリズム批判』法政大学出版局、二〇一〇年。

Cohen, Gerald. A. 2008, *Rescuing Justice and Equality*, Harvard University Press.

Cohen, Gerald. A. 2011, *On the Currency of Egalitarian Justice, and Other Essays in Political Philosophy*, Princeton University Press.

Cohen, Joshua 2009, *Philosophy, Politics, Democracy: Selected Essays*, Harvard University Press.

Connolly, William E. 2008, *Capitalism and Christianity*, Duke University Press.

Dewey, John 1927, *The Public and its Problems*, *John Dewey The Later Works*, 1925-1953, Vol. 2, Southern Illinois University Press, 1984. デューイ／阿部齊訳『公衆とその諸問題――現代政治の基礎』ちくま学芸文庫、二〇一四年。

Dryzek, John S. 2012, *Foundations and Frontiers of Justice*, Oxford University Press.

Dworkin, Ronald 1978, *Taking Rights Seriously*, Gerald Duckworth. ドゥオーキン／木下毅・野坂泰司・小林公訳『権利論 増補版』木鐸社、二〇〇三年。

Dworkin, Ronald 2000, *Sovereign Virtue*, Harvard University Press. ドゥオーキン／小林公・大江洋・高橋秀治・高橋文彦訳『平等とは何か』木鐸社、二〇〇二年。

Elster, Jon 1995, *Sour Grapes: Studies in the Subversion of Rationality*, Cambridge University Press.

Estlund, D. M. 2008, *Democratic Authority: A Philosophical Framework*, Princeton University Press.

Fishkin, James S. 2011, *When the People Speak: Deliberative Democracy and Public Consultation*, Oxford University Press. フィシュキン／曽根泰教監修・岩木貴子訳『人々の声が響き合うとき――熟議空間と民主主義』早川書房、二〇一一年。

Foucault, Michel 1976, *Histoire de la sexualité 1: La Volonté de savoir*, Gallimard. フーコー／渡辺守章訳『性の歴史I――知への意志』新潮社、一九八六年。

Forst, Reiner 2007, *The Right to Justification: Elements of a Constructivist Theory of Justice*, Columbia University Press.
Frankfurt, Harry G. 2015, *On Inequality*, Princeton University Press. フランクファート／山形浩生訳『不平等論——格差は悪なのか?』筑摩書房、二〇一六年。
Gilens, Martin 2014, *Affluence and Influence: Economic Inequality and Political Power in America*, Princeton.
Gutmann, Amy and Dennis Thompson 2004, *Why Deliberative Democracy?*, Princeton University Press.
Habermas, Jürgen 1983, *Moralbewußtsein und kommunikatives Handeln*, Suhrkamp Verlag. ハーバーマス／三島憲一・中野敏男・木前利秋訳『道徳意識とコミュニケーション行為』岩波書店、二〇〇〇年。
Habermas, Jürgen 1992, *Faktizität und Geltung: Beiträge zur Diskurstheorie des Rechts und des demokratischen Rechtsstaats*, Suhrkamp Verlag. ハーバーマス／河上倫逸・耳野健二訳『事実性と妥当性——法と民主的法治国家の討議理論にかんする研究』未來社、上巻二〇〇二年、下巻二〇〇三年。
Habermas, Jürgen 1996, *Die Einbeziehung des Anderen: Studien zur politischen Theorie*, Suhrkamp Verlag. ハーバーマス／高野昌行訳『他者の受容——多文化社会の政治理論に関する研究』法政大学出版局、二〇〇四年。
Hayek, Friedrich 1960, *The Constitution of Liberty*, Routledge, 2006. ハイエク／気賀健三・古賀勝次郎訳『ハイエク全集I-7　自由の条件III——福祉国家における自由』春秋社、二〇〇七年。
Hirose, Iwao 2015, *Egalitarianism*, Routledge. 広瀬巌著／齊藤拓訳『平等主義の哲学——ロールズから健康の分配まで』勁草書房、二〇一六年。

Honneth, Axel 1994, *Kampf um Anerkennung: Zur moralischen Grammatik sozialer Konflikte*, Suhrkamp Verlag. ホネット／山本啓・直江清隆訳『承認をめぐる闘争――社会的コンフリクトの道徳的文法』法政大学出版局、二〇〇三年。

Kant, Immanuel 1793, “Über den Gemeinschpruch: Das mag in der Theorie richtig sein, taugt aber nicht für die Praxis,” *Imannuel Kant Werkausgabe in zwölf Bänden*, hrsg. v. Wilhelm Weisschedel, Band XI, Suhrkamp Verlag, 1968. カント／北尾宏之訳「理論と実践」、『カント全集14　歴史哲学論集』岩波書店、二〇〇〇年。

Kant, Immanuel 1795, “Zum ewigen Freeden,” *Imannuel Kant Werkausgabe in zwölf Bänden*, Band XI, Suhrkamp Verlag, 1968. カント／遠山義孝訳「永遠平和のために」、『カント全集14　歴史哲学論集』岩波書店、二〇〇〇年。

Kittay, Eva Feder 1999, *Love's Labor: Essays on Women, Equality, and Dependency*, Routledge. キテイ／岡野八代・牟田和恵監訳『愛の労働あるいは依存とケアの正義論』白澤社、二〇一〇年。

Laclau, Ernesto 2007, *On Populist Reason*, Verso.

Lippmann, Walter 1922, *Public Opinion*, Dover Publications, 2004. リップマン／掛川トミ子訳『世論』上・下、岩波文庫、一九八七年。

Lippmann, Walter 1927, *The Phantom Public*, Transaction Publishers, 1995. リップマン／河崎吉紀訳『幻の公衆』柏書房、二〇〇七年。

Marmot, Michael 2004, *Status Syndrome*, Bloomsbury. マーモット／鏡森定信・橋本英樹監訳『ステータス症候群――社会格差という病』日本評論社、二〇〇七年。

Mansbridge, Jane 2003, "Rethinking Representation," *American Political Science Review*, Vol. 97, No. 4, pp. 515–528.

Mansbridge, J., Bohman, J., Chambers, S., Christiano, T., Fung, A., Parkinson, J., Thompson, D. and Warren, M. E. 2012, "A Systemic Approach to Deliberative Democracy," Parkinson, J. and Mansbridge, J. (eds.), *Deliberative Systems*, Cambridge University Press.

Marshall, T. H. and T. Bottomore 1992, *Citizenship and Social Class*, Pluto Press. マーシャル、ボットモア／岩崎信彦・中村健吾訳『シティズンシップと社会的階級——近現代を総括するマニフェスト』法律文化社、一九九三年。

Mill, John, S. 1861, *Considerations on Representative Government, On Liberty and Other Writings*, Cambridge University Press, 1989. ミル／水田洋訳『代議制統治論』岩波文庫、一九九七年。

Miller, David 1995, *On Nationality*, Oxford University Press. ミラー／富沢克・長谷川一年・施光恒・竹島博之訳『ナショナリティについて』風行社、二〇〇七年。

Milanovic, Branko 2011, *The Haves and the Have-Nots: A Brief and Idiosyncratic History of Global Equality*, Basic Books. ミラノヴィッチ／村上彩訳『不平等について——経済学と統計が語る26の話』みすず書房、二〇一二年。

Murphy, Liam and Thomas Nagel 2002, *The Myth of Ownership*, Oxford University Press. マーフィー、ネーゲル／伊藤恭彦訳『税と正義』名古屋大学出版会、二〇〇六年。

Nussbaum, Martha C. 2007, *Frontiers of Justice: Disability, Nationality, Species Membership*, Belknap Press. ヌスバウム／神島裕子訳『正義のフロンティア——障碍者・外国人・動物という境界を越えて』

法政大学出版局、二〇一二年。
Nussbaum, Martha C. 2013, *Political Emotions: Why Love Matters for Justice*, Belknap Press.
Pateman, Carole 1975, *Participation and Democratic Theory*, Cambridge University Press. ペイトマン／寄本勝美訳『参加と民主主義理論』早稲田大学出版部、一九七七年。
Peter, Fabienne 2009, *Democratic Legitimacy: Aggregation Versus Deliberation*, Routledge.
Pettit, Philip 1997, *Republicanism: A Theory of Freedom and Government*, Oxford University Press.
Pettit, Philip 2004, "The Common Good," Keith Dowling, Robert E. Goodin, and Carole Pateman (eds.), *Justice and Democracy*, Cambridge University Press.
Pogge, Thomas 2002, *World Poverty and Human Rights*, Polity Press. ポッゲ／立岩真也監訳『なぜ遠くの貧しい人への義務があるのか――世界的貧困と人権』生活書院、二〇一〇年。
Rawls, John 1993, *Political Liberalism*, Columbia University Press.
Rawls, John 1999, *A Theory of Justice*, revised edition, Harvard University Press. ロールズ／川本隆史・福間聡・神島裕子訳『正義論 改訂版』紀伊國屋書店、二〇一〇年。
Rawls, John 2001, *Justice as Fairness: A Restatement*, Erin Kelly (ed.), Harvard University Press. ロールズ／田中成明・亀本洋・平井亮輔訳『公正としての正義 再説』岩波書店、二〇〇四年。
Reich, Robert, B. 2012, *Beyond Outrage: What has gone wrong with Our Economy and Our Democracy, and How to fix it*, Vintage. ライシュ／雨宮寛・今井章子訳『格差と民主主義』東洋経済新報社、二〇一四年。
Roemer, John, F. 1998, *Theories of Distributive Justice*, Harvard University Press. ローマー／木谷忍・川

本隆史訳『分配的正義の理論——経済学と倫理学の対話』勁草書房、二〇〇一年。

Scanlon, Thomas M. 2000, *What We Owe to Each Other*, Belknap Press.

Scanlon, Thomas M., 2003a, "The Diversity of Objections to Inequality" in *The Difficulty of Tolerance: Essays in Political Philosophy*, Cambridge University Press, pp. 202–218.

Scanlon, Thomas M. 2003b, "Contractualism and Utilitarianism", *The Difficulty of Tolerance: Essays in Political Philosophy*, Cambridge University Press, pp. 124–150.

Schmitt, Carl 1923, *Die geitesgeschichitliche Lage des heutigen Parlamentarismus*, Dunker & Humblot, Achte Auflage, 1996. シュミット／樋口陽一訳『現代議会主義の精神史的状況——他一篇』岩波文庫、二〇一五年。

Schumpeter, Joseph A. 1942, *Capitalism, Socialism and Democracy*, 3rd. ed., Happerperennial, 2008. シュンペーター／中山伊知郎・東畑精一訳『資本主義・社会主義・民主主義』東洋経済新報社、一九九五年。

Sen, Amartya 1992, *Inequality Reexamined*, Oxford University Press. セン／池本幸生・野上裕生・佐藤仁訳『不平等の再検討——潜在能力と自由』岩波書店、一九九九年。

Sen, Amartya 2009, *The Idea of Justice*, Harvard University Press. セン／池本幸生訳『正義のアイデア』明石書店、二〇一一年。

Shklar, Judith. N. 1990, *The Faces of Injustice*, Yale University Press.

Streeck, Wolfgang 2003, *Gekaufte Zeit: Die vertagte Krise des demokratischen Kapitalismus*, Suhrkamp Verlag. シュトレーク／鈴木直訳『時間かせぎの資本主義——いつまで危機を先送りできるか』みすず書房、二〇一六年。

Tocqueville, Alexis de. 1835, *De la democratie en Amerique*, 1, Gallimard, 1992. トクヴィル／松本礼二訳『アメリカのデモクラシー 第一巻』上・下、岩波文庫、二〇〇五年。

Van Parijs, Philippe 1995, *Real Freedom for All: What (if anything) can justify capitalism?*, Oxford University Press. ヴァン・パリース／後藤玲子・齊藤拓訳『ベーシック・インカムの哲学――すべての人にリアルな自由を』勁草書房、二〇〇九年。

Waldron, Jeremy 2016, *Political Political Theory: Essays on Institutions*, Harvard University Press.

Walzer, Michael 1983, *Spheres of Justice: A Defense of Pluralism and Equality*, Basic Books. ウォルツァー／山口晃訳『正義の領分――多元性と平等の擁護』而立書房、一九九九年。

Weber, Max 1918, *Parlament und Regierung im neugeordneten Deutschland: Zur politischen Kritik des Beamtentums und Parteiwesens*, *Gesammelte politische Schriften*, hrsg. v. Johannes Wincklemann, J. C. B. Mohr, 1988. ヴェーバー／中村貞二・山田高生訳「新秩序ドイツの議会と政府――官僚と政党への政治的批判」、『マックス・ヴェーバー政治論集2』みすず書房、一九八二年。

Williams, Colin C. 2007, *Rethinking the Future of Work: Directions and Visions*, Palgrave.

Wolff, Jonathan and de-Shalit, A. 2007, *Disadvantage*, Oxford University Press.

Young, Iris, M. 1990, *Justice and the Politics of Difference*, Princeton University Press.

Young, Iris, M. 2000, *Inclusion and Democracy*, Oxford University Press.

Young, Iris M. 2011, *Responsibility for Justice*, Oxford University Press. ヤング／岡野八代・池田直子訳『正義への責任』岩波書店、二〇一四年。

アリストテレス／戸塚七郎訳『弁論術』岩波文庫、一九九二年。
キャス・サンスティン／那須耕介訳『熟議が壊れるとき――民主政と憲法解釈の統治理論』勁草書房、二〇一二年。

東浩紀 二〇一一、『一般意志2・0――ルソー、フロイト、グーグル』講談社。
網谷壮介 二〇一四、「政治、道徳、怜悧――カントと執行する法論」、『政治思想研究』第一四号。
出岡直也 二〇一二、「参加型予算（ブラジル、ポルト・アレグレ市）――大規模政治体における民衆集会的政治の可能性」、篠原一編『討議デモクラシーの挑戦――ミニ・パブリックスが拓く新しい政治』岩波書店、二〇一二年。
井手英策・古市将人・宮﨑雅人 二〇一六、『分断社会を終わらせる――「だれもが受益者」という財政戦略』筑摩選書。
井上達夫 二〇一二、『世界正義論』筑摩選書。
宇野重規 二〇一六、『政治哲学的考察――リベラルとソーシャルの間』岩波書店。
大竹弘二 二〇一二-二〇一四、「公開性の根源」、『atプラス』連載第一一-一九号、太田出版。
大庭健 二〇一五、『民を殺す国・日本――足尾鉱毒事件からフクシマへ』筑摩選書。
木部尚志 二〇一六、『平等の政治理論――〈品位ある平等〉にむけて』風行社。
國分功一郎 二〇一三、『来るべき民主主義――小平市都道328号線と近代政治哲学の諸問題』幻冬舎新書。
齋藤純一 二〇〇八、『政治と複数性――民主的な公共性にむけて』岩波書店。

齋藤純一 二〇〇九、「感情と規範的期待――もう一つの公私区分の脱構築」、岩波講座哲学第10巻『社会／公共性の哲学』岩波書店。
齋藤純一 二〇一四、「ハーバーマス――正統化の危機／正統化の根拠」、岩波講座政治哲学第5巻『理性の両義性』岩波書店。
齋藤純一 二〇一五、「政治的公共圏から見る立法――法の「作者」と「編者」」、井上達夫編『立法学のフロンティア1――立法学の哲学的再編』ナカニシヤ出版。
篠原一 二〇〇四、『市民の政治学――討議デモクラシーとは何か』岩波新書。
鈴木健 二〇一三、『なめらかな社会とその敵――PICSY・分人民主主義・構成的社会契約論』勁草書房。
杉田敦 二〇一三、『政治的思考』岩波新書。
盛山和夫 二〇〇七、『年金問題の正しい考え方――福祉国家は持続可能か』中公新書。
田村哲樹 二〇一三、「熟議民主主義は自由民主主義か？――「熟議システム」概念の射程」、『政治思想研究』第一三号。
西澤由隆 二〇一六、「世論調査による政治的格差の時系列的分析」、日本政治学会二〇一六年度研究大会、共通論題報告。
早川誠 二〇一四、『代表制という思想』風行社。
広井良典 一九九九、『日本の社会保障』岩波新書。
福士正博 二〇〇九、『完全従事社会の可能性――福祉と仕事の新構想』日本経済評論社。
松尾隆佑 二〇一五、「ステークホールディング論の史的展開と批判的再構成――普遍主義的な資産ベース福祉によるシティズンシップ保障の構想」、政治思想学会編『政治思想研究』第一五号。
見田宗介 一九九六、『現代社会の理論――情報化・消費化社会の現在と未来』岩波新書。
宮本太郎 二〇〇九、『生活保障――排除しない社会へ』岩波新書。
宮本太郎 二〇一七、『共生保障――〈支え合い〉の戦略』岩波新書。
山森亮 二〇〇九、『ベーシック・インカム入門――無条件給付の基本所得を考える』光文社新書。
湯浅誠 二〇〇八、『反貧困――「すべり台社会」からの脱出』岩波新書。

あとがき

フランスの思想家A・トクヴィルは、一九世紀前半、「境遇の平等」化を避けられない歴史的趨勢と見て、「新しい政治学」（『アメリカのデモクラシー』）を著した。それから二世紀近く経ったいま、逆の動き、境遇の不平等化が先進諸国で進んでいる。この動きは、押しとどめることのできる一時の逆行と見るべきだろうか、それとも、根本的な変化を含んだ新たな趨勢と見るべきだろうか。

日本もそうした動きの例外ではなく、所得格差を表す「ジニ係数」は一九八〇年代から上昇をつづけ、いま過去最大を記録している（二〇一四年、〇・五七）。中間層の実質所得は一九九〇年代半ばから低下し、「中間層の解体」あるいは「やせ細る中間層」といった言葉を眼にすることも多くなった。子どもたちの貧困も深刻だが（貧困率は二〇一二年に一六・三パーセント）、比較的恵まれていると思われがちな高齢者がみな困窮を免れているわけではない（貧困率は同年一九・四パーセント）。

貧困への対応が急務であることは言うまでもないが、本書が焦点をあわせたのは貧困というよりも不平等である。不平等は、有利な立場にある者と不利な立場にある者との格差となって現れる。この有利－不利の違いが大きくなれば、当然、同じ社会のなかに生きる人々の関係も変わってくる。有利－不利の違いは、どのような教育を受けられるか、どのような職場で働けるのか、誰とどこで暮らすことができるのか、といった生活や人生のあらゆるシーンで人々を分け隔てるようになる。そして、その有利－不利は、世代を越えて継承される段階にまで入っている。

すでに不利な立場にある人々が直面する困難に対処することは重要だが、それだけでは不利の連鎖は断ち切れない。個人の責任を問いえない不利に対して個々に補償を行っても問題は根本的には解決しない。問題は、社会の制度が有利－不利の関係を是正するのではなく、むしろそれを再生産していることにある。いま問われねばならないのは、個人の責任ではなくむしろ社会の責任のほうである。有利－不利の格差が、これから社会に入っていこうとする若者たちの将来の展望に暗い影を落としているとすれば、そのような事態を惹き起こしている社会の責任はやはり大きい。この本の関心は、一九八〇年代から続いている格差の拡大に、市民は制度によっていかに抗することができるかを検討することにあった。

本書でどれだけの検討ができたかは心許ないが、それでも、どのような不平等がなぜ問題なのか、社会保障やデモクラシーの制度は正当化できない不平等にどのように対応できるかについて、基本的なところをおさえることができたのではないかと思う。読者の方々からのご指摘、ご批評を待ってさらに検討を深めていければと願っている。

不平等について考えることは、私たちの共有する制度はどのような役割を果たしうるか、また果たすべきかについて考えることでもある。本書の副題を「政治理論入門」としたのはそのためである。本書が、ジョン・ロールズの理論をはじめとして、規範的な政治理論において不平等とそれへの対応をめぐってどのような議論が示されてきたかを知る糸口としても役立てば幸いである。

＊

筑摩書房の増田健史さんから本書の執筆を勧めていただいてからだいぶ経つ。ようやく出版にまでたどりついたが、それは、忍耐を重ねたうえに、内容についても的確なご助言をくださった増田さんのおかげである。ここに深い感謝の気持ちを記したい。

また、学部、大学院のゼミで多くの本を読み、議論の相手をしてくれた学生（OB・OG）のみなさんにもこの機会をかりて感謝したい。学問的な協働がこれからもつづいていくことを願いながら。

齋藤　純一

二〇一七年　早春

ちくま新書
1241

不平等《ふびょうどう》を考《かんが》える
——政治《せいじ》理論入門《りろんにゅうもん》

二〇一七年三月一〇日　第一刷発行
二〇二一年三月一五日　第三刷発行

著者　齋藤純一（さいとう・じゅんいち）

発行者　喜入冬子
発行所　株式会社 筑摩書房
東京都台東区蔵前二-五-三　郵便番号一一一-八七五五
電話番号〇三-五六八七-二六〇一（代表）
装幀者　間村俊一
印刷・製本　株式会社 精興社

ISBN978-4-480-06949-8 C0231

ちくま新書

029 カント入門 石川文康
哲学史上不朽の遺産『純粋理性批判』を中心に、その哲学の核心を平明に読み解くとともに、哲学者の内面のドラマに迫り、現代に甦る生き生きとしたカント像を描く。

545 哲学思考トレーニング 伊勢田哲治
哲学って素人には役立たず？　否、そこは使える知のツールの宝庫。屁理屈や権威にだまされず、筋の通った思考を自分の頭で一段ずつ積み上げてゆく技法を完全伝授！

922 ミシェル・フーコー——近代を裏から読む 重田園江
社会の隅々にまで浸透した「権力」の成り立ちを問い、常識的なものの見方に根底から揺さぶりをかけるフーコー。その思想の魅力と強靭さをとらえる革命的入門書！

967 功利主義入門——はじめての倫理学 児玉聡
「よりよい生き方のために常識やルールをきちんと考えなおす」技術としての倫理学において「功利主義」は最有力のツールである。自分で考える人のための入門書。

1060 哲学入門 戸田山和久
言葉の意味とは何か。私たちは自由意志をもつのか。人生に意味はあるか……こうした哲学の中心問題を科学が明らかにした世界像の中で考え抜く、常識破りの入門書。

1119 近代政治哲学——自然・主権・行政 國分功一郎
今日の政治体制は、近代政治哲学が構想したものだ。ならば、その基本概念を検討することで、いまの民主主義体制が抱える欠点も把握できるはず！　渾身の書き下し。

1165 プラグマティズム入門 伊藤邦武
これからの世界を動かす思想として、いま最も注目されるプラグマティズム。アメリカにおけるその誕生から最新の研究動向まで、全貌を明らかにする入門書決定版。

ちくま新書

469
公共哲学とは何か
山脇直司
滅私奉公の世に逆戻りすることなく私たちの社会に公共性を取り戻すことは可能か？　個人を活かしながら公共性を開花させる道筋を根源から問う知の実践への招待。

532
靖国問題
高橋哲哉
戦後六十年を経て、なお問題でありつづける「靖国」を、具体的な歴史の場から見直し、それが「国家」の装置としていかなる役割を担ってきたのかを明らかにする。

1000
生権力の思想
――事件から読み解く現代社会の転換
大澤真幸
我々の生を取り巻く不可視の権力のメカニズムとはいかなるものか。ユダヤ人虐殺やオウム、宮崎勤の犯罪など象徴的事象から、現代における知の転換を読み解く。

1039
社会契約論
――ホッブズ、ヒューム、ルソー、ロールズ
重田園江
この社会の起源には何があったのか。ホッブズ、ヒューム、ルソー、ロールズの議論を精密かつ大胆に読みなおし、近代の中心的思想を今に蘇らせる清冽な入門書！

1099
日本思想全史
清水正之
外来の宗教や哲学を受け入れ続けてきた日本人。その根底に流れる思想とは何か。古代から現代まで、この国のものの考え方のすべてがわかる、初めての本格的通史。

1146
戦後入門
加藤典洋
日本はなぜ「戦後」を終わらせられないのか。その核心にある「対米従属」「ねじれ」の問題の起源を世界戦争に探り、憲法九条の平和原則の強化による打開案を示す。

1182
カール・マルクス
――「資本主義」と闘った社会思想家
佐々木隆治
カール・マルクスの理論は、今なお社会変革の最強の武器であり続けている。最新の文献研究からマルクスの実像に迫ることで、その思想の核心を明らかにする。